小说散文答题模板

全攻略

原创技法 | 成瑞瑞　编著

中国石油大学出版社
CHINA UNIVERSITY OF PETROLEUM PRESS

山东·青岛

图书在版编目（CIP）数据

小说散文答题模板全攻略 / 成瑞瑞编著. -- 青岛：
中国石油大学出版社，2024.5
　ISBN 978-7-5636-4338-7

　Ⅰ . ①小… 　Ⅱ . ①成… 　Ⅲ . ①阅读课－高中－教学参
考资料　②作文课－高中－教学参考资料 Ⅳ .
①G634.303

　　中国国家版本馆CIP数据核字（2024）第090633号

书　　名：**小说散文答题模板全攻略**
　　　　　XIAOSHUO SANWEN DATI MOBAN QUANGONGLUE

编　　著：成瑞瑞

策划统筹：高建华（电话　0532-86981536）
责任编辑：高建华（电话　0532-86981536）
责任校对：郭月皎（电话　0532-86981980）
封面设计：辛振宇　　赵志勇

出 版 者：中国石油大学出版社
　　　　　（地址：山东省青岛市黄岛区长江西路 66 号　邮编：266580）
网　　址：http://cbs.upc.edu.cn
电子邮箱：gaojianhua6@163.com
排 版 者：济南海讯图文有限公司
印 刷 者：青岛北琪精密制造有限公司
发 行 者：中国石油大学出版社（电话　0532-86983437）
开　　本：880 mm × 1 230 mm　　1/16
印　　张：12.5
字　　数：240 千字
版 印 次：2024 年 5 月第 1 版　2024 年 5 月第 1 次印刷
书　　号：ISBN 978-7-5636-4338-7
定　　价：89.80 元

作者简介
ZUOZHE JIANJIE

高中语文资深名师　成瑞瑞

毕业于山东大学汉语言文学专业。曾多年任职于山东某重点高中，后一直任职于大型互联网教育机构。从讲台之上，到屏幕之前，从事语文教学近10年，累计学员数量已超200万。

作为教师代表，于2021年出镜CCTV-1公益广告。同年，所授课程被CCTV-2《经济半小时》报道。作为唯一主笔，于2023年与新华出版社联名出版高中语文教辅。此外，与《课堂内外》杂志合作，为其作文专栏写稿；与天星教育疯狂作文合作，作为名师教练团成员之一，编写的高中作文图书顺利出版。

在多年的教学生涯中，一直秉持着"寓教于乐"的教学理念，以深入浅出的授课方式、风趣幽默的教学风格，深受广大学生的喜爱，被同学们亲切地称为"端端老师"。

教学过程中，一直采用"语文思维"的教学方式，将冗杂的知识体系化，让变化的题型有规律，从底层逻辑出发，原创了众多精品课程。作文模块如"OK!绷"超能句式、"620800"模型、"诗词写境"法、"奥利奥"体等答题方法，阅读模块如"大模块意识""出题人视角""政策授予星""内情结效法"等答题方法，帮助同学们有章法地学习高中语文。

此外，十多年来一直坚持文学创作，所写文学作品多次出版，并独立运营微信公众平台"南生图文社"。记录生活，也记录思考，不断触碰深处的自己和广处的世界。代表作《轻舟已过万重山》《我和我妈的战争》《26岁到了北欧，依旧没看到极光》等，广受读者好评。

更多老师信息，欢迎关注：
视频号＠高中语文成瑞瑞
小红书＠成瑞瑞爱写作
公众号＠南生图文社

于天所有中追求，于有所有中探究，

以我之矛撕云裂帛，以我之盾围筑城池。

蹚过时间的洪水，对抗征途之猛兽，

终能跨过千沟万壑，直抵灿烂康庄。

——成瑞瑞

前言

柳青在《创业史》中写过这样一句话："人生的道路虽然漫长，但紧要处常常只有几步。"英雄所见略同，路遥也将这句话引用在《人生》的扉页。

我想，对作为高中生的你而言，高考就是漫长人生道路中十分紧要的一步。

很大程度上，方向与努力同等重要。若要更好地应对高考，就要了解高考趋势，把握高考动向。

综观近年来高考语文中的文学类文本阅读题，会发现以下趋势：

第一，散文的考查比例不断增加。

除了北京、天津等地方卷一如既往地重视考查散文之外，全国卷也不断增加散文的考查比例。如2017年全国Ⅲ卷中林徽因的《窗子以外》，2021年全国甲卷中王小鹰的《当痛苦大于力量的时候》，2022年全国乙卷中萧红的《"九一八"致弟弟书》，2022年新高考Ⅱ卷中李广田的《到橘子林去》，2023年全国甲卷中巴金的《机械的诗旅途随笔之一》，2023年新高考Ⅰ卷中陈村的《给儿子》。不难看出，散文的考查已经成为新的现象。

第二，流派小说的考查难度不断增加。

在这几年的高考中，小说考查的广度和深度不断增加。如2018年全国Ⅲ卷中刘慈欣的科幻小说《微纪元》，2019年全国Ⅰ卷中鲁迅的历史改编小说《理水》，2020年全国Ⅰ卷中海明威的外国小说《越野滑雪》，2021年全国乙卷中谈歌的历史小说《秦琼卖马》，2022年新高考Ⅰ卷中冯至的诗化小说《江上》，2023年新高考Ⅱ卷中沈从文的乡土小说《社戏》。可以明显看出，选择的小说文本题更加具有难度。

第三，文学类文本出题更加灵活多变。

灵活多变，注重应用，是文学类文本一如既往的特点，也是文学类文本得分难度大的原因。综观近年高考，出现了更多与创作原则相关的题目，如作品的真实性与虚构性、作品的散文化与诗化、作品的典型性与非典型性等；也出现了更多拓展性的题目，如文学短评题、观点评价题、探究题等。这些创新题型具有反常规、重应用的特点，要求同学们具有更强的审题能力，以及更强的组织答案能力。

变化虽层出不穷，但万变不离其宗，文学类文本的阅读和答题始终要有"题型意识"。以"题型意识"为主导，阅读的效率会提高，答题的得分率也会明显提高。

不知不觉，做语文老师已经近10年。

回想第一次站上讲台的情景，恍若隔世，无限慨叹。从青涩的"新老师"，到成熟的"大老师"，这一路走来，懵懵懂懂，又酣畅淋漓。

教育是终生的事业，一面是夜以继日地输入，一面是孜孜不倦地输出。在这输入和输出的过程中，饱含的是我对中学语文的理解，和对教育事业的敬畏。

岁月往来，匆忙如梭。幸运的是，我在教育领域，得到了无数的认可和褒奖。更幸运的是，纵然世界纷繁变化，而我依旧在教育领域，一如既往，步履不停。

这本书是我这10年的总结，以近10年全国各地高考真题为依据，囊括了22大类重点题型、45个独家答题口诀。这是一本可以反复使用的教辅，无论你是在高一、高二，还是在高三，无论是经典题型，还是创新题型，你都能够从中找到你想要的答案。

最后，向大家郑重地介绍我自己：

我是成瑞瑞，同学们都叫我端端。我是一名初、高六年一体的中学语文老师。我从教近10年，带学生参加了很多次高考，也参加了很多次中考。我的教学事业起步于山东的重点高中，我现在活跃于头部互联网教育公司。我讲过很多课，研发了很多广受好评的课程。我带过很多学生，他们分散在全国各地的大学。我拿过很多奖，登上过央视的屏幕，和新华出版社合作出过书，也得到过很多同行和领导的肯定。做老师的时间越久，我越觉得，我与学生的关系，不止于师生，不止于朋友，我们更像是战友，在不同的轨道，奋力于各自的理想。那么未来的时间，我也希望能跟你一起，并肩而立，同袍而战。

感谢读到这里的你，感谢选择此书的你。

愿你功不唐捐，愿你的努力都被看见。

成瑞瑞

2024年1月12日

目 录
MU LU

第四章　文学类文本创新题型

文学类文本题型概述

高考中，文学类文本阅读有两大"阵营"——小说和散文。

对散文的考查，往往基于两种能力——概括能力和理解能力。对小说的考查，往往围绕三大要素——人物、情节、环境。除此之外，小说和散文也有众多的共有考点，如考查情感主旨、句段赏析、叙述特点等。

基于此，本书将涵盖小说经典题型、散文经典题型、文学类文本经典题型、文学类文本创新题型，从题型辨析出发，总结答题模板，解析经典例题，并匹配相关练习。

人物形象概括题、人物心理活动概括题 ┐
主次人物形象作用题、"我"的人物形象作用题 ┤
人物形象塑造题 ┤── 形象类 ┐
物象作用题 ┘

情节概括题 ┐
情节作用题 ┘── 情节类 ┤── 小说经典题型 ●

自然环境概括题、社会环境概括题 ┐
环境作用题 ┘── 环境类 ┘

文学类文本题型

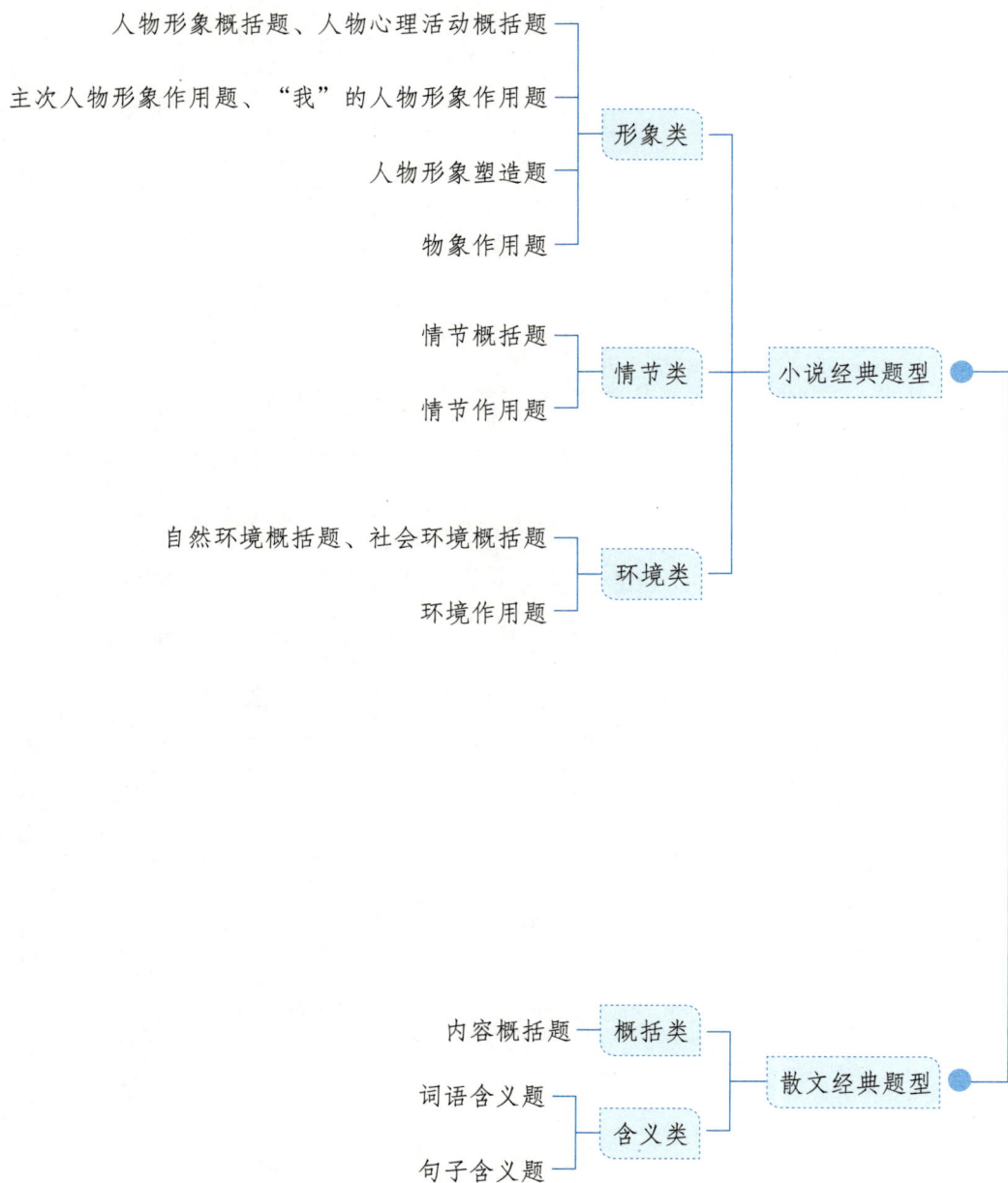

内容概括题 ── 概括类 ┐
词语含义题 ┐ ├── 散文经典题型 ●
句子含义题 ┘── 含义类 ┘

文学类文本经典题型
- 结构类
  - 句段作用题——标题作用题、开头作用题、中间段落作用题、结尾作用题
  - 线索作用题——线索判定题、线索作用题
- 情感类
  - 情感主旨概括题
  - 情感主旨表达题
- 赏析类——手法赏析题、句段赏析题、语言风格赏析题

文学类文本创新题型
- 构思类
  - 构思技巧——一波三折、波澜起伏：悬念、伏笔、铺垫、巧合、误会、意外、留白
  - 实虚关系——实虚分析题、虚构分析题
  - 显隐关系——显隐分析题、以小见大题、笔墨详略题
  - 散文化小说——特征分析题
- 叙事类
  - 叙事特点题——叙述人称、叙述视角、叙述顺序、叙述形式、叙述手法、叙述语言、线索设置
- 评价类——观点评价题、文学短评题

第一章 小说经典题型

　　小说是高考全国卷中长盛不衰的重要文体，想要突破其相关题型，首先要从"三要素"相关题型开始。

　　本章共8节："小说人物形象概括题""小说人物形象作用题""小说人物形象塑造题""小说物象作用题""小说情节概括题""小说情节作用题""小说环境概括题""小说环境作用题"。包括11种题型：人物形象概括题、人物心理活动概括题、主次人物形象作用题、"我"的人物形象作用题、人物形象塑造题、物象作用题、情节概括题、情节作用题、自然环境概括题、社会环境概括题、环境作用题。

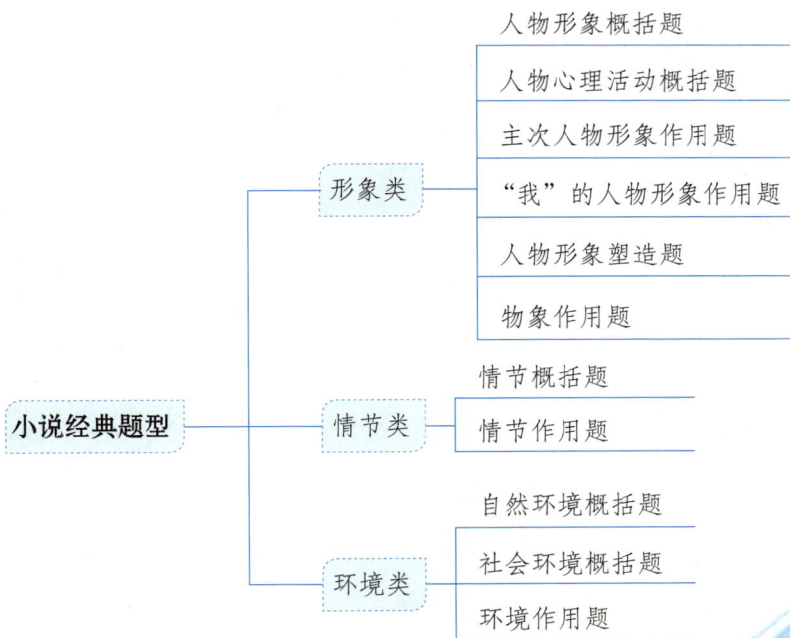

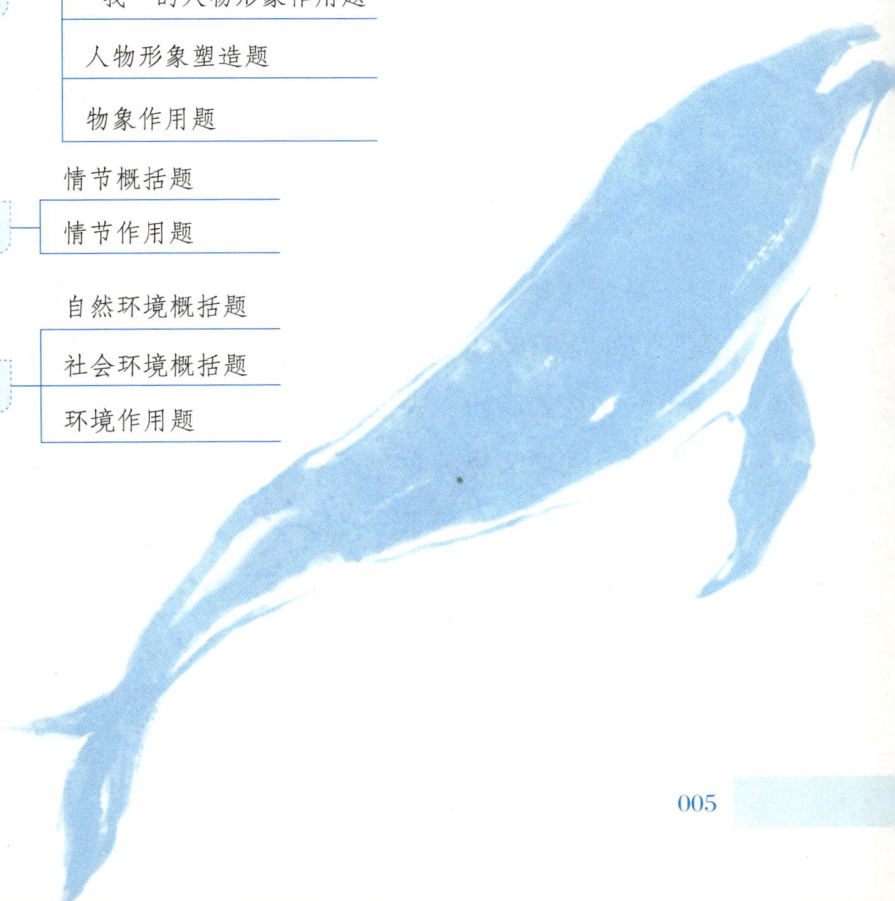

```
                          人物形象概括题
                          人物心理活动概括题
                          主次人物形象作用题
                  形象类    "我"的人物形象作用题
                          人物形象塑造题
                          物象作用题
小说经典题型        情节类    情节概括题
                          情节作用题
                          自然环境概括题
                  环境类    社会环境概括题
                          环境作用题
```

第一节 小说人物形象概括题

端子曰 题型辨别

一、题干示例

（1）简要概括×××的性格特征。

（2）文中的×××是什么样的人？请简要分析。

（3）为什么说×××是一个……的人？

（4）有人评价×××是一个……的人，为什么？

（5）在……的过程中，×××的心理活动发生了怎样的变化？

二、题干总结

题干中点明某个人物，并要求分析其"性格""形象""特点""心理"等，由此可判定题目为人物形象概括题。或者，题干中点明对某个人物的评价，要求分析原因，由此也可以判定题目为人物形象概括题。

> 心理活动概括属特殊类。常规人物形象概括往往围绕人物进行概括，心理活动概括往往围绕事件进行概括。

端独家 答题要点

对于人物形象概括题，应重点关注"人物身份""细节描写""他人评价""环境描写"四个方面。（速记口诀：身系瓶颈）

一、人物身份：关注定位看身份

注意关注人物的角色、职业以及所归群属。

角色：父亲、母亲、兄弟……

职业：农民、工人、商人……

群属：孩童、劳动妇女、创业者……

二、细节描写：关注细节看性格

关注文章中关于人物的直接描写，尤其是细节描写。

（1）人物的直接描写：外貌描写、语言描写、动作描写、神态描写、心理描写。

（2）事件的行为动机及行为本质。

三、他人评价：关注他人看评价

关注文章中关于人物的相关评价，包括作者的直接评价、相关人物的侧面烘托。

（1）对于人物的直接评价。

（2）相关人物的侧面烘托。

四、环境描写：关注环境看暗示

关注文章中的自然环境描写和社会环境描写。

（1）自然环境与人物的情绪、情感挂钩。

（2）社会环境与人物的性格、命运挂钩。

端独家 答题模板

人物特点1：……（摘取文章中的关键词），表现了×××的……形象，突出了×××的……特点。

人物特点2：……（摘取文章中的关键词），表现了×××的……形象，突出了×××的……特点。

先高度概括人物的心理活动，再高度概括相关事件或情节。

示例：惶恐不安。战争突然爆发导致社会一片混乱，故而主人公内心不知所措。

> 人物心理活动概括：要以事件的发展或者情节的发展为突破口，并根据事件的脉络和情节的发展对标相应的心理活动。

```
人物形象概括题        人物身份 —— 关注定位看身份 —— 角色、职业、群属
速记口诀：身系瓶颈     细节描写 —— 关注细节看性格 —— 人物描写、事件分析
                    他人评价 —— 关注他人看评价 —— 直接评价、侧面烘托
                    环境描写 —— 关注环境看暗示 —— 自然环境、社会环境
```

端优选 典型例题

（2018年全国Ⅰ卷）阅读文章，回答问题。

赵一曼女士

阿 成

①东北沦陷时期的哈尔滨市立医院，如今仍是医院。后来得知赵一曼女士曾在这里住过院，我便翻阅了她的一些资料。

②赵一曼女士，是一个略显瘦秀且成熟的女性，在她身上弥漫着拔俗的文人气质和职业军人的冷峻，在任何地方，你都能看出她有别于他人的风度。

③赵一曼女士率领的抗联活动在小兴安岭的崇山峻岭中，那儿能够听到来自坡镇的钟声。冬夜里，钟声会传得很远很远。钟声里，抗联的兵士在森林里烤火，烤野味儿，或者唱着"火烤胸前暖，风吹背后寒……战士们哟"……这些都给躺在病床上的赵一曼女士留下了清晰回忆。

④赵一曼女士单独一间病房，由警察昼夜看守。

⑤白色的小柜上有一个玻璃花瓶，里面插着丁香花。赵一曼女士喜欢丁香花，这束丁香花，是女护士韩勇义折来摆放在那里的。听说，丁香花现在已经成为这座城市的"市花"了。

⑥她是在山区中了日军的子弹后被捕的，滨江省警务厅的大野泰治对赵一曼女士进行了严刑拷问，始终没有得到有价值的回答，他觉得很没面子。

⑦大野泰治在向上司呈送的审讯报告上写道：

> 赵一曼是中国共产党珠河县委委员，在该党工作上有与赵尚志同等的权力。她是北满共产党的重要干部，通过对此人的严厉审讯，有可能澄清中共与苏联的关系。

⑧1936年初，赵一曼女士以假名"王氏"被送到医院监禁治疗。

⑨《滨江省警务厅关于赵一曼的情况》扼要地介绍了赵一曼女士从市立医院逃走和被害的情况。

⑩赵一曼女士是在6月28日逃走的。夜里，看守董宪勋在他叔叔的协助下，将赵一曼抬出医院的后门。一辆雇好的出租车已等在那里。几个人上了车，车立刻就开走了。出租车开到文庙屠宰场的后面，韩勇义早就等候在那里，扶着赵一曼女士上了雇好的轿子，大家立刻向宾县方向逃去。

⑪赵一曼女士住院期间，发现警士董宪勋似乎可以争取。经过一段时间的观察、分析，她觉得有把握去试一试。

⑫她躺在病床上，和蔼地问董警士："董先生，您一个月的薪俸是多少？"

⑬董警士显得有些忸怩："十多块钱吧……"

⑭赵一曼女士遗憾地笑了，说："真没有想到，薪俸会这样少。"

⑮董警士更加忸怩了。

⑯赵一曼女士神情端庄地说："七尺男儿，为着区区十几块钱，甘为日本人役使，不是太愚蠢了吗？"

⑰董警士无法再正视这位成熟女性的眼睛了，只是哆哆嗦嗦给自己点了一支烟。

⑱此后，赵一曼女士经常与董警士聊抗联的战斗和生活，聊小兴安岭的风光，飞鸟走兽。她用通俗的、有吸引力的小说体记述日军侵略东北的罪行，写在包药的纸上。董警士对这些纸片很有兴趣，以为这是赵一曼女士记述的一些资料，并不知道是专门写给他看的。看了这些记述，董警士非常向往"山区生活"，愿意救赵一曼女士出去，和她一道上山。

⑲赵一曼女士对董警士的争取，只用了20天时间。

⑳对女护士韩勇义，赵一曼女士采取的则是"女人对女人"的攻心术。

㉑半年多的相处之后，韩勇义对赵一曼女士已十分信赖，并讲述了自己幼年丧母、恋爱不幸、工作受欺负等。赵一曼女士向她讲述自己和其他女战士在抗日队伍中的生活，有趣的、欢乐的生活。语调是深情的、甜蜜的。

㉒韩护士真诚地问："如果中国实现了共产主义，我应当是什么样的地位呢？"

㉓赵一曼女士说："你到了山区，一切都能明白了。"

㉔南岗警察署在赵一曼女士逃走后，马上开车去追。

㉕追到阿什河以东20多千米的地方，发现了赵一曼、韩勇义、董宪勋及他的叔父，将他们逮捕。

㉖赵一曼女士淡淡地笑了。

㉗赵一曼女士是在珠河县被日本宪兵枪杀的。

㉘那个地方我去过，有一座纪念碑。环境十分幽静，周围种植着一些松树。

㉙我去的时候，在那里遇见一位年迈的老人。他指着石碑说："赵一曼？"我说："对，赵一曼。"

㉚赵一曼被枪杀前，写了一份遗书：

宁儿：

　　母亲对于你没有能尽到教育的责任，实在是遗憾的事情。

　　母亲因为坚决地做了反满抗日斗争，今天已经到了牺牲的前夕了。

　　母亲和你在生前是永久没有再见的机会了。希望你，宁儿啊！赶快成人，来安慰你地下的母亲！我最亲爱的孩子啊！母亲不用千言万语来教育你，就用实行来教育你。

　　在你长大成人之后，希望不要忘记你的母亲是为国而牺牲的！

1936年8月2日

（有删改）

问：小说中说赵一曼"身上弥漫着拔俗的文人气质和职业军人的冷峻"，请结合作品简要分析。

端子曰 名师解析

　　这是一道人物形象概括题。答题时，可以从"身、细、评、境"，即身份、细节、评价、环境四个方面切入。题干中点明了对人物的评价"文人气质"和"军人的冷峻"，所以我们需要回到原文中去查找相关的事件和描述，并进行回答。

　　概括时，注意文中所提到的赵一曼女士的相关事件，如回忆战斗生活、劝说董警士、不畏严刑拷打等，并将其按"文人气质"和"军人的冷峻"进行分类。

参考答案

　　文人气质：喜欢丁香花，情趣不俗；时常深情、甜蜜地回忆战斗生活，文雅浪漫；用大义与真情感化青年，智慧过人。

　　军人的冷峻：遭严刑拷打而不屈服，意志坚定；笑对即将到来的死亡，从容淡定；充满母爱又不忘大义，理智沉稳。

端演练 综合练习

（2022年新高考 I 卷）阅读文章，回答问题。

江　上 【注】

冯　至

①子胥望着昭关以外的山水，世界好像换了一件新的衣裳，他自己却真实地获得了真实的生命。时节正是晚秋，眼前还是一片绿色，夏天仿佛还没有结束。向南望去，是一片人烟稀少的平原。

②他在这荒凉的原野里走了三四天，后来原野渐渐变成田畴，村落也随着出现了。子胥穿过几个村落，最后到了江边。

③太阳已经西斜，岸上三三两两集聚了十来个人：有的操着吴音，有的说着楚语。有人在抱怨，二十年来，这一带总是打过来打过去，弄得田也不好耕，买卖也不好做。一个上了年纪的人说："前几年吴王余眜死了，本应该传位给季札，但是季札死也不肯接受，退到延陵耕田去了。一个这样贤明的人偏偏不肯就王位，要保持他的高洁。"

④"他只自己保持高洁，而一般人都还在水火里过日子，——我恨这样的人，我们都是吃了他高洁的苦。"一个年轻人愤恨地说。

⑤那老年人却谅解季札："士各有志。他用行为感动我们，不是比做国王有意义得多吗？——就以他在徐君墓旁挂剑的那件事而论，对于友情是怎样好的一幅画图！"

⑥季札在死友墓旁挂剑的事，子胥从前也若有所闻，他再低下头看一看自己佩着的剑，不觉起了一个愿望："我这时若有一个朋友，我也愿意把我的剑，当作一个友情的赠品，——而我永久只是一个人。"子胥这样想时，也就和那些人的谈话隔远了，江水里的云影在变幻，他又回到他自己身上。这时江水的上游忽然浮下一只渔船，船上回环不断地唱着歌：

日月昭昭乎侵已驰，

与子期乎芦之漪。

⑦面前的景色，自己的身世，日月昭昭乎侵已驰，是怎样感动子胥的心？他听着歌声，身不由己地向芦苇丛中走去。

⑧西沉的太阳把芦花染成金色，半圆的月也显露在天空，映入江心，是江里边永久捉不到的一块宝石。渔夫的歌声又起了：

日已夕兮予心忧悲，

月已驰兮何不渡为？

⑨歌声越唱越近，渔舟在芦苇旁停住了。子胥身不由己地上了船。

⑩多少天的风尘仆仆，一走上船，呼吸着水上清新的空气，立即感到水的温柔。子胥无言，渔夫无语，耳边只有和谐的橹声，以及水上的泡沫随起随灭的声音。船到江中央，水流变得急聚了，世界回到原始一般的宁静。子胥对着这滔滔不断的流水，他想这是从郢城那里流来的。他立在船头，身影映在水里，好像又回到郢城，因为那里的楼台也曾照映在这同一的水里。他望着江水发呆，不知这里边含有多少故乡流离失所的人的眼泪。父亲的、哥哥的尸体无人埋葬，也许早已被人抛入江心；他们得不到祭享的魂灵，想必正在这月夜的江上出没。郢城里的王公们都还在享受眼前的升平，谁知道这时正有一个人在遥远的江上，想把那污秽的城市洗刷一次呢？子胥的心随着月光膨胀起来……

⑪他再看那渔夫有时抬起头望望远方，有时低下头看看江水，心境是多么平坦。子胥在他眼里是怎样一个人呢？一个不知从何处来，又不知向哪里去的远方的行人罢了。但是子胥，却觉得这渔夫是他流亡以来所遇到的唯一的恩人，这引渡的恩惠有多么博大，尤其是那两首歌，是如何正恰中子胥的运命，怕只有最亲密的朋友才唱得出这样深切感人的歌词，而这歌词却又吐自一个异乡的、素不相识的人的口里。

⑫船缓缓地前进着。两人在两个完全不同的世界，一个整日整夜浸在血的仇恨里，一个疏散于清淡的云水之乡。他看那渔夫摇橹的姿态，他享受到一些从来不曾体验过的柔情。往日的心总是箭一般地急，这时却唯恐把这段江水渡完，希望能多么久便多么久，与渔夫共同领会这美好的时刻。

⑬船靠岸了，子胥口里有些嗫嚅，但他最后不得不开口："朋友，我把什么留给你做纪念呢？"渔夫倒有些惊奇了。

⑭这时子胥已经解下他的剑，捧在渔夫的面前。

⑮渔夫吓得倒退了两步，他说："我，江上的人，要这有什么用呢？"

⑯"这是我家传的宝物，我佩带它将近十年了。"

⑰"你要拿这当作报酬吗？"渔夫的生活是有限的，他常常看见有些行人，不知为什么离乡背井要走得那么远。既然远行，山水就成为他们的阻碍；他看惯了走到江边过不来的行人是多么苦恼！他于是立下志愿，只要一有闲暇，就把那样的人顺便渡

过来。因为他引渡的时候多半在晚间，所以就即景生情，唱出那样的歌曲。"这值得什么报酬呢？"

⑱子胥半吞半吐地说："你渡我过了江，同时也渡过了我的仇恨。将来说不定会有那么一天，你再渡我回去。"渔夫听了这句话，一点儿也不懂，他只拨转船头，向下游驶去。

⑲子胥独自立在江边，望着那只船越走越远了，最后才自言自语地说："你这无名的朋友，我现在空空地让你在我的面前消失了，将来我却还要寻找你，不管是找到你的船，或是你的坟墓。"

⑳他再一看他手中的剑，觉得这剑已经不是他自己的了：他好像是在替一个永久难忘的朋友保留着这把剑。

（有删改）

注：历史小说《伍子胥》写于1942—1943年，取材于春秋时期伍子胥的复仇故事，叙述他由楚至吴的辗转逃亡。小说共九节，《江上》为第六节。伍子胥过了昭关，继续跋涉，前往吴国。

问：舟行江上，子胥的思绪随着他在江上的所见所感而逐步生发展开。请结合文中相关部分简要分析。

心理活动概括！答题时要从情节出发进行概括。

参考答案

①文章开篇写的风景表现出子胥逃生后的轻松。

②岸上人的对话引发了子胥对人生意义的思考。

③江上渔人的歌声深深触动了子胥，激发了他内心的仇恨、复仇的愿望。当他看到渔人"疏散于清淡的云水之乡"的生存状态，又感觉到"柔情"，他矛盾的心情始终交织在一起。

④船靠岸后，子胥仍然没有从矛盾的心情中解脱出来，他感谢渔人带给他片刻的内心安宁，帮助他"渡过了我的仇恨"，但是又说"将来说不定会有那么一天，你再渡我回去"，暗示了子胥内心仇恨之深，复仇愿望之强，"渡过"不等于彻底忘记。

第二节 小说人物形象作用题

端子曰 题型辨别

一、题干示例

（1）作者为什么要刻画这一人物形象？

（2）……在小说中的作用是什么？请简要分析。

（3）小说对……的叙述（描写），具有什么作用（用意、深意、好处、效果）？

（4）本文的主人公是A，为什么大量篇幅在写B？

（5）有人说A是主人公，有人说B是，你认为呢？

（6）A在文中只出现了一次，说了一句话，有人认为可以删除，你认为呢？

二、题干总结

题干中明确点出某人物，要求分析该人物的作用、好处、意义，或者要求分析为什么要写这个人物，或者要求分析能否删掉这一人物，由此可判定题目是人物作用题。

端独家 答题要点

人物作用题，常见题型有主要人物作用题、次要人物作用题、"我"的人物作用题。

> 对于小说的作用类题型，无论是人物作用题、情节作用题、环境作用题，抑或其他作用题，一般从"3+2"，也就是"人物""情节""环境""主旨""效果"五个方面进行思考。

一、主、次人物的作用

（1）在人物上：（主）丰富或塑造了一个……的典型形象；（次）通过……（形象、情节），侧面衬托了……的主人公形象。

（2）在情节上：推动了情节朝……发展；为下文……做铺垫；贯穿全文，在文中作线索，使全文结构紧凑。

（3）在环境上：体现了环境……的特点（概括环境特点）。

（4）在主旨上：点明（凸显、暗示）了……的主旨。

二、"我"的作用

（1）在人物上："我"是整个事件的见证者（陈述者），通过"我"……（形象、情节）更好地衬托主人公……的形象，增强了小说的抒情性或真实性。

（2）在情节上："我"是线索人物，串联小说……（简要概括原文内容）等情节，使全文结构紧凑，增强了小说的真实性。

（3）在主旨上："我"的所见所闻所思所想，能引起读者对……的思考，有助于揭示小说……的主题。

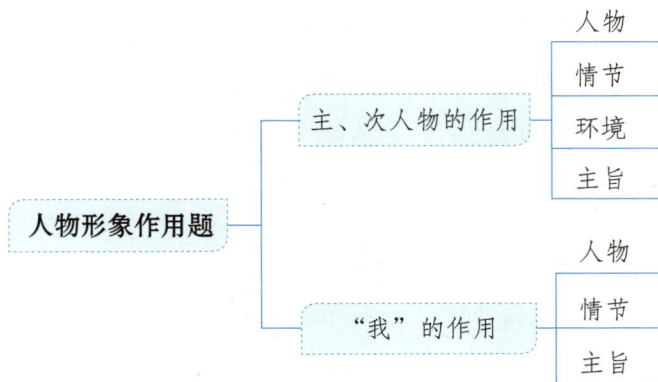

```
                              ┌── 人物
                 ┌─ 主、次人物的作用 ──┤── 情节
人物形象作用题 ──┤                 ├── 环境
                 │                 └── 主旨
                 │                 ┌── 人物
                 └─ "我"的作用 ────┤── 情节
                                   └── 主旨
```

端优选 典型例题

阅读文章，回答问题。

玻 璃

贾平凹

①约好在德巴街路南第十个电杆下会面，去了却没看到他。我决意再等一等，趸进一家小茶馆里一边吃茶一边盯着电杆。旁边新盖了一家酒店，玻璃装嵌，还未完工，正有人用白粉写"注意玻璃"的字样。

②吃过一壶茶后，我回到了家。妻子说王有福来电话了，反复解释他是病了，不能赴约，能否明日上午在德巴街后边的德比街再见，仍是路南第十个电杆下。第二天我赶到德比街，电杆下果然坐着一个老头，额头上包着一块纱布。我说："你是王得贵的参吗？"他立即弯下腰，说："我叫王有福。"

③我把得贵捎的钱交给他，让给娘好好治病。他看四周没人，就解开裤带将钱装进裤衩上的兜里，说："我请你去喝烧酒！"

④我谢绝了。他转身往街的西头走去，又回过头来给我鞠了个躬。我问他家离这儿远吗，他说不远，就在德巴街紧南的胡同里。我说从这里过去不是更近吗，老头笑了一下，说："我不走德巴街。"

⑤他不去德巴街，我却要去，昨日那家茶馆不错。走过那家酒店，玻璃墙上却贴出了一张布告——

　　昨天因装修的玻璃上未做标志，致使一过路人误撞受伤。

　　敬请受伤者速来我店接受我们的歉意并领取赔偿费。

⑥我被酒店此举感动，很快想到王有福是不是撞了玻璃受的伤呢？突然萌生了一个念头：既然肯赔偿，那就是他们理屈，何不去法院上告，趁机索赔更大一笔钱呢？我为我的聪明得意，第二天便给王有福打电话，约他下午到红星饭店边吃边谈。红星饭店也是玻璃装修，我选择这家饭店，是要证实他是不是真的在酒店撞伤的。他见了我，肿胀的脸上泛了笑容，步履却小心翼翼，到了门口还用手摸，证实是门口了，一倾一倾地摇晃着小脑袋走进来。

⑦"我没请你，你倒请我了！"他说。

⑧"一顿饭算什么！"我给他倒了一杯酒，他赶忙说："我不敢喝的，我有伤。"

⑨"大伯，你是在德巴街酒店撞伤的吗？"

⑩"你……那酒店怎么啦？"

⑪"这么说，你真的在那儿撞的！"

⑫"这……"

⑬老头瓷在那里，似乎要抵赖，但脸色立即赤红，压低了声音说："是在那儿撞的。"一下子人蔫儿了许多，可怜得像个做错事的孩子。

⑭"这就好。"我说。

⑮"我不是故意的。"老头急起来，"我那日感冒，头晕晕的，接到你的电话出来，经过那里，明明看着没有什么，走过去，咚，便撞上了。"

⑯"你撞伤了，怎么就走了？"

⑰"哗啦一声，我才知道是撞上玻璃了。三个姑娘出来扶我，血流了一脸，把她们倒吓坏了，要给我包扎伤口，我爬起来跑了，我赔不起那玻璃呀！"

⑱"他们到处找你哩。"

⑲"是吗？我已经几天没敢去德巴街了。他们是在街口认人吗？"

⑳"他们贴了布告……"

㉑老头耷丧下脸来，在腰里掏钱，问我一块玻璃多少钱。

㉒我嘿嘿笑起来。

㉓"不是你给他们赔，是他们要给你赔！"

㉔"赔我？"

㉕"是赔你。"我说，"但你不要接受他们的赔偿，他们能赔多少钱？上法院告他们，索赔的就不是几百元几千元了！"老头愣在那里，一条线的眼里极力努出那黑珠来盯我，说："你大伯是有私心，害怕赔偿才溜掉的，可我也经了一辈子世事，再也不受骗了！"

㉖"没骗你，你去看布告嘛！"

㉗"你不骗我，那酒店也骗我哩，我一去那不是投案自首了吗？"

㉘"大伯，你听我说……"

㉙老头从怀里掏出一卷软塌塌的钱来，放在桌上："你要肯认我是大伯，那我求你把这些钱交给人家。不够的话，让得贵补齐。我不是有意的，真是看着什么也没有的，谁知道就有玻璃。你能答应我，这事不要再给外人说，你答应吗？"

㉚"答应。"

㉛老头眼泪哗哗的，给我又鞠了下躬，扭身离开了饭桌。

㉜我怎么叫他，他也不回头。

㉝他走到玻璃墙边，看着玻璃上有个门，伸手摸了摸，没有玻璃，走了出去。

㉞我坐在那里喝完了一壶酒，一口菜也没吃，从饭馆出来往德巴街去。趁无人理会，我揭下了那张布告：布告继续贴着，只能使他活得不安生。顺街往东走，照相馆的橱窗下又是一堆碎玻璃，经理在大声骂：谁撞的，眼睛瞎了吗？！

㉟我走出了狭窄的德巴街。

（有删改）

问："我"在小说中的主要作用是什么？请简要分析。

端子曰 名师解析

这是一道人物作用题，考查的是"我"这一人物形象的作用。

答题时，要考虑"人物""情节""主旨"等方面。文章由"我"的视角展开叙述，并呈现了典型的人物形象，突出了文章的主旨。文章之中，"我"不仅是故事的叙述者，还是故事的参与者，因而文章会以"我"的叙述而不断展开，并给读者以真实可靠的阅读体验。

参考答案

①讲述故事：小说故事是由"我"叙述出来的，真实可信。

②推进情节："我"是事件的参与者，由于"我"的提议，情节得以发展变化。

③衬托人物：小说主人公王有福的性格由于"我"的存在而更加鲜明。

端演练 综合练习

阅读文章，回答问题。

丧家犬

王安忆

①我第一次看见这条狗，它是坐在一个收废品女人的拖车上，那时候，它还是一只小狗，脏得可怕，浑身的毛都粘成一股一股，是一种阴沟水的灰黑色。头上的毛垂挂在额下，完全看不出脸了。那样的狼狈相，可它却处之泰然，腰板很直地坐在那女人的拖车上。那女人也穿得一身破，头发蓬着，正与另一个邋里邋遢的女人说话。这周围的环境很杂。虽然有几幢高级公寓楼，可其间夹杂着不少陈旧的工房，路两边多是临时搭建出租给外地人的小店面。小吃摊挤在路中心，围着刚放学、饥不择食的小学生。在这一片喧嚣的底下，是坑洼不平的路面。不过，这依然不会妨碍车来人往、热火烹油的市面。

②在临弄堂的一排欧式楼下，开发商特意做了一片草地，窄窄的，草倒是长得不错，绿茵茵的，有时还能开出白茸茸的花呢！那只狗，就出现在这里了。这一回，我看见它的颈上系着一个铃铛，拖了半截绳子，可以想象，它原先是被人好好养着的，日子过得兴许不错，只不过现在落魄了。

③可是，它看上去倒不消沉，还挺自在的。它在我们这条弄堂里混得相当熟，这表现在人们对它熟视无睹，从来不呵斥与驱赶它。那草坪的一头，正是一条支弄的弄口，设有两个摊位，一个是摊蛋饼的，一个是修自行车的。摊蛋饼的是一男一女，那

男的专司摊饼，先舀一勺面糊，在鏊子上画一个圈，然后用一根竹片刮匀，打上一个鸡蛋，他的一招一式很有节奏，一丝不乱，嘴角还形成一个由衷的笑容。等着的人都耐心地看，带些观赏的意思。那女的在一边看着，然后收钱，找钱。

④另一个摊主，修自行车的，是个徐州老头。无论刮风下雨，一早就出来，天黑才回去，这样的勤恳，照理是会收效。可是，他修的车，常常不出半天就由车主推回来，要求重新来过。照理，人们是不大会来找他修车了。可架不住他从早到晚站在这里，谁又能料到什么时候车坏呢？一来二去，就与他成了熟人，更得照应他的生意。他修车时半蹲着身子，拿出干农活的腰腿功夫，奋力干着。吃饭的时候，从包里摸出个铝制的饭盒，用带来的热水瓶里的开水泡上，埋头吃饭。这时，摊蛋饼的男女早已推起车走了。可对面，废品收购站却开着门，老头就与他们说话。

⑤那是从河南来的兄弟俩，想必最初也是穿街走巷，摇着铃收废品，有了积累，租下这弄里的一间空房。这里不仅存放废品，还成了他们河南老乡来到上海的落脚地。你叫一声："卖报纸喽！"桌边便立起一个人，笑盈盈地走过来，称报纸。那是兄弟俩中间的一个。还有些时候，收购站里只剩一个老太或老头，总归是他们的双亲，帮他们看店。那老太苛索得很，总是将秤压得很低，或者算错账，待你指出她便愁苦着脸，说："我们穷，不识字，真不是有意的。"可在她缩皱成堆的折子里，你分明看到一双冷静的眼睛，狡黠地看人。老头也算错账，但不像是作假。

⑥他们这间棚子还是一个避风遮雨的地方。逢到雨天，修自行车的老头便移到门里面去，摊蛋饼的男女也会进去避一阵。那只狗，也进去了，面朝外，腰板很直地坐在门口，抬着毛发披散的脸，看雨。

⑦在那条草坪后边的公寓里面，居住着许多条名贵的狗。其中一条狮子狗，应当说与那条丧家犬同宗同族，可处境完全不同。那狮子狗名叫妮娜，一身蓬松闪亮的白毛。天气略冷一些，它便穿上毛线衣，五色间杂的彩线。它从来不下地的，生怕这弄堂的地弄龌龊它的脚爪。它被拥在女主人的怀里。而那只无家可归的狗从来不与这些名贵的狗们打拢，它与它们擦肩而过，谁也不认得谁。

⑧那它究竟以什么为生呢？这条弄堂间杂着许多小饭店。这些小饭店门面很浅，老远就听见有乒乒的剁刀声，那剁肉的，掉下来几点儿骨头渣，就够那狗果腹的了。所以，那狗倒不瘦，就是脏得吓人，而且落魄。

⑨我后来见到它是在弄堂沿街屋子里。狗就坐在一辆木车旁，挺直了腰板，毛发缕缕挂在脸前，眼睛在很深远的地方，望着外面的世界。这样子显得很深沉，有一种

哲学的表情，就好像它要对我们这些庸碌的人和事做出批判。

⑩临到过年的时候，弄堂里很少人了。摊蛋饼的一对男女不来了，几家饭铺也关门了，都回老家过年了。少了这些熙攘的人和声音，弄里就有些寒肃。几棵落了叶的树，枝条映在白石灰的墙上，疏落得很。狗也不来了。

⑪又一次，春天到了，弄里多少有一些变迁。那摊蛋饼的一男一女，倒是还在，但容颜略显苍老。修自行车的老头却是未变，手艺也没长进，却开始揽助动车的活了。

⑫那排欧式公寓前的草地又黄了，却还生长着，草丛里有一些浅痕，会不会是它脚爪踩下的……

（有删改）

问：小说以"丧家犬"为题，为什么却用大量的笔墨描写生活在这里的商贩们？请结合小说内容简要分析。

"生活在这里的商贩们"即次要人物，所以要答出"商贩们"作为次要人物的作用。此外，也要注意"商贩们"与"丧家犬"之间的关系。

参考答案

①商贩们为小狗在街区有尊严地生活提供了条件，交代了丧家犬生存的社会环境。

②商贩们和小狗有着共同的特点"丧家"，对商贩们的描写可以衬托小狗的形象。

③向人们展现了社会底层劳动人民的生活状态，充实了小说的内容。

④生活在城市边缘的商贩们与狼狈的小狗上演了温情的一幕，丰富了小说的内涵。

第三节 小说人物形象塑造题

端子曰 题型辨别

一、题干示例

（1）文章是如何塑造×××的形象的？

（2）文章运用了多种表现手法塑造人物形象，请具体分析。

（3）作者运用多种风格的语言来塑造人物的多面形象，请具体分析。

二、题干总结

题干中点出某个人物，并要求分析"如何塑造""多种手法塑造""塑造的方法"等，即可判定题目为人物形象塑造题。

端独家 答题要点

对于人物形象塑造题，可以使用"政策授予星"的答题口诀。"政策授予星"代表的是"正面描写""侧面描写""手法运用""语言风格""文本形式"五大答题方面。

一、正面描写

注意分析细节描写与情节铺叙。

（1）通过……的细节描写，展现了人物……的形象。

（2）通过……的情节铺叙，展现了人物……的形象。

二、侧面描写

注意分析他人形象与环境呈现。

（1）通过他人的……评价，进一步塑造了人物……的形象。

（2）通过他人的对比或衬托，进一步突出了人物……的形象。

（3）通过……的场景，进一步烘托了人物……的形象。

（4）通过……的环境，进一步烘托了人物……的形象。

三、手法运用

重点关注：欲扬先抑、对比衬托、反讽。

四、语言风格

注意分析人物语言与文本语言的风格。

【人物语言】引经据典，突出诗文气息；引用俚语，突出生活气息。

【文本语言】文白角度：直白率性、平白质朴，典雅诗化、含蓄委婉、散文化。

庄谐角度：庄重严肃、轻松幽默、辛辣讽刺。

通过……的语言，塑造了……的人物形象。

五、文本形式

重点关注：对话、独白、讲述。

端独家 答题模板

①正面描写：通过……的细节描写，展现了人物……的形象；通过……的情节铺叙，展现了人物……的形象。

②侧面描写：通过他人的……评价，进一步塑造了人物……的形象；通过他人的对比（衬托），进一步突出了人物……的形象；通过……的场景，进一步烘托了人物……的形象；通过……的环境，进一步烘托了人物……的形象。

③运用……手法，……（效果）地塑造了……的人物形象特点。

④……的语言风格：通过……（摘取文章中的关键词）等……（风格）的语言，塑造了……的人物形象。

⑤通过……的形式，……（效果）地塑造了……的人物形象特点。

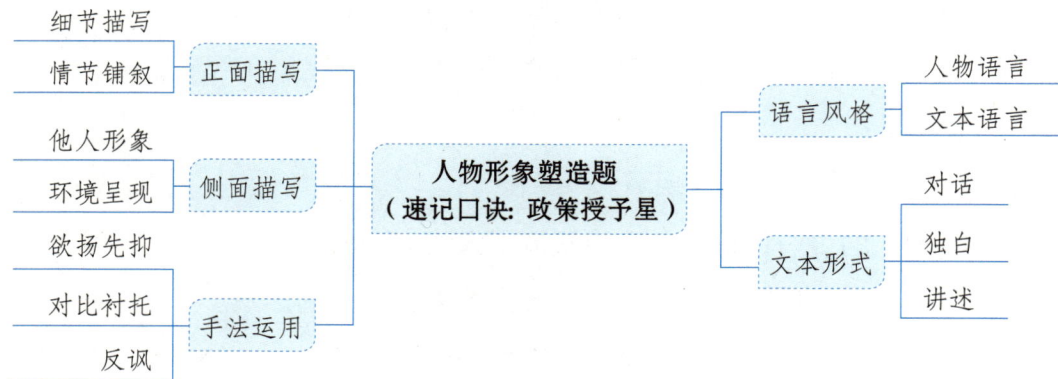

细节描写
情节铺叙 — 正面描写
他人形象
环境呈现 — 侧面描写 — 人物形象塑造题（速记口诀：政策授予星）
欲扬先抑
对比衬托
反讽 — 手法运用
人物语言
文本语言 — 语言风格
对话
独白
讲述 — 文本形式

（2019年全国Ⅱ卷）阅读文章，回答问题。

小步舞

［法］莫泊桑

①大灾大难不会让我悲伤。我目睹过战争，人类的残酷暴行令我们发出恐惧和愤怒的呐喊，但绝不会令我们像看到某些让人感伤的小事那样背上起鸡皮疙瘩。有那么两三件事至今清晰地呈现在我眼前，它们像针扎似的，在我的内心深处留下又细又长的创伤。我就跟您讲讲其中的一件吧！

②那时我还年轻，有点儿多愁善感，不太喜欢喧闹。我最喜爱的享受之一，就是早上独自一人在卢森堡公园的苗圃里散步。

③这是一座似乎被人遗忘的上个世纪的花园，一座像老妇人的温柔微笑一样依然美丽的花园。绿篱隔出一条条狭窄、规整的小径，显得非常幽静。在这迷人的小树林里，有一个角落完全被蜜蜂占据。它们的小窝坐落在木板上，朝着太阳打开顶针般大的小门。走在小路上，随时都能看到嗡嗡叫的金黄色的蜜蜂，它们是这片和平地带真正的主人，清幽小径上真正的漫步者。

④我不久就发现，经常到这里来的不只我一人。我有时也会迎面遇上一个小老头儿。

⑤他穿一双带银扣的皮鞋、一条带遮门襟的短套裤和一件棕褐色的长礼服，戴一顶长绒毛宽檐的怪诞的灰礼帽，想必是太古年代的古董。

⑥他长得很瘦，几乎是皮包骨头；他爱做鬼脸，也常带微笑。他手里总拿着一根金镶头的华丽的手杖，这手杖对他来说一定有着某种不同寻常的纪念意义。

⑦这老人起初让我感到怪怪的，后来却引起我莫大的兴趣。

⑧一个早晨，他以为周围没有人，便做起一连串奇怪的动作来：先是几个小步跳跃，继而行了个屈膝礼，接着用他那细长的腿来了个还算利落的击脚跳，然后开始优雅地旋转，把他那木偶似的身体扭来绞去，动人而又可笑地向空中频频点头致意。他是在跳舞呀！

⑨跳完舞，他又继续散起步来。

⑩我注意到，他每天上午都要重复一遍这套动作。

⑪我想和他谈一谈。于是有一天，在向他致礼以后，我开口说：

⑫"今天天气真好啊，先生。"

⑬他也鞠了个躬：

⑭"是呀，先生，真是和从前的天气一样。"

⑮一个星期以后，我们已经成了朋友，我也知道了他的身世。在国王路易十五时代，他曾是歌剧院的舞蹈教师。他那根漂亮的手杖就是德·克莱蒙伯爵送的一件礼物。一跟他说起舞蹈，他就絮叨个没完没了。

⑯有一天，他很知心地跟我说：

⑰"先生，我妻子叫拉·卡斯特利。如果您乐意，我可以介绍您认识她，不过她要到下午才上这儿来。这个花园，就是我们的欢乐，我们的生命。过去给我们留下的只有这个了。如果没有它，我们简直就不能再活下去。我妻子和我，我们整个下午都是在这儿过的。只是我上午就来，因为我起得早。"

⑱我一吃完午饭就立刻回到公园。不一会儿，我就远远望见我的朋友，彬彬有礼地让一位穿黑衣服的矮小的老妇人挽着胳膊。她就是拉·卡斯特利，曾经深受那整个风流时代宠爱的伟大舞蹈家。

⑲我们在一张石头长凳上坐下。那是五月。阵阵花香在洁净的小径上飘溢；温暖的太阳透过树叶在我们身上洒下大片大片的亮光。拉·卡斯特利的黑色连衣裙仿佛整个儿浸润在春晖里。

⑳"请您给我解释一下，小步舞是怎么回事，好吗？"我对老舞蹈师说。

㉑他意外得打了个哆嗦。

㉒"先生，它是舞蹈中的王后，王后们的舞蹈。您懂吗？自从没有了国王，也就没有了小步舞。"

㉓他开始用夸张的文体发表起对小步舞的赞词来。可惜我一点儿也没听懂。

㉔突然，他朝一直保持沉默和严肃的老伴转过身去：

㉕"艾丽丝，让我们跳给这位看看什么是小步舞，你乐意吗？"

㉖于是我看见了一件令我永生难忘的事。

㉗他们时而前进，时而后退，像孩子似的装腔作势，弯腰施礼，活像两个跳舞的老木偶，只是驱动这对木偶的机械，已经有点儿损坏了。

㉘我望着他们，一股难以言表的感伤激动着我的灵魂。我仿佛看到一次既可悲又可笑的幽灵现身，看到一个时代已经过时的幻影。

㉙他们突然停了下来，面对面伫立了几秒钟，忽然出人意料地相拥着哭起来。

㉚三天以后，我动身去外省了。我从此再也没有见到过他们。当我两年后重返巴

黎的时候,那片苗圃已被铲平。没有了心爱的过去时代的花园,没有了它旧时的气息和小树林的通幽曲径,他们怎样了呢?

㉛对他们的回忆一直萦绕着我,像一道伤痕留在我的心头。

(张英伦译,有删改)

问:请以老舞蹈师形象为例,谈谈小说塑造人物形象时运用了哪些表现手法。

端子曰 名师解析

这是一道人物形象塑造题,答题时,注意从"正面描写""侧面描写""手法运用""语言风格""文本形式"五个方面进行思考。

文章中,出现了大量的语言描写与动作描写,这是从正面描写的角度塑造人物形象。此外,文本的关键情节都是以对话的形式展开的,这是以对话的文本形式塑造人物形象。此外,文本中,故事处于新旧交替的时代背景,这是从侧面描写的角度塑造人物形象。综合以上,可以归纳出相关答题要点。

参考答案

①用特征鲜明的细节凸显人物的个性,如老舞蹈师过时的穿戴、木偶似的舞姿等,表明他是一个怀旧的人。

②用个性化的对话揭示人物的内心世界,如老舞蹈师与"我"的交谈流露出了老舞蹈师内心的痛苦与无奈。

③用典型化的场景烘托人物的状态,如被人遗忘的苗圃衬托了老舞蹈师失落的心态。

端演练 综合练习

(2019年全国Ⅰ卷)阅读文章,回答问题。

理水(节选)

鲁 迅

①当两位大员回到京都的时候,别的考察员也大抵陆续回来了,只有禹还在外。

他们在家里休息了几天，水利局的同事们就在局里大排筵宴，替他们接风。这一天真是车水马龙。不到黄昏时候，主客就到齐了，院子里却已经点起庭燎来，鼎中的牛肉香，一直透到门外虎贲的鼻子跟前，大家就一齐咽口水。酒过三巡，大员们就讲了一些水乡沿途的风景，芦花似雪，泥水如金，黄鳝膏腴，青苔滑溜……微醺之后，才取出大家采集了来的民食来，都装着细巧的木匣子，盖上写着文字，有的是伏羲八卦体，有的是仓颉鬼哭体。大家就先来赏鉴这些字，争论得几乎打架之后，才决定以写着"国泰民安"的一块为第一。因为不但文字质朴难识，有上古淳厚之风，而且立言也很得体，可以宣付史馆的。

②局外面也起了一阵喧嚷。一群乞丐似的大汉，面目黧黑，衣服破旧，竟冲破了断绝交通的界线，闯到局里来了。卫兵们大喝一声，连忙左右交叉了明晃晃的戈，挡住他们的去路。

③"什么？——看明白！"当头是一条瘦长的莽汉，粗手粗脚的，怔了一下，大声说。

④卫兵们在昏黄中定睛一看，就恭恭敬敬地立正，举戈，放他们进去了。

⑤局里的大厅上发生了扰乱。大家一望见一群莽汉奔来，纷纷都想躲避，但看不见耀眼的兵器，就又硬着头皮，定睛去看。头一个虽然面貌黑瘦，但从神情上，也就认识他正是禹；其余的自然是他的随员。

⑥这一吓，把大家的酒意都吓退了，沙沙的一阵衣裳声，立刻都退在下面。禹便一径跨到席上，并不屈膝而坐，却伸开了两脚，把大脚底对着大员们，又不穿袜子，满脚底都是栗子一般的老茧。随员们就分坐在他的左右。

⑦"大人是今天回京的？"一位大胆的属员，膝行而前了一点儿，恭敬地问。

⑧"你们坐近一点儿来！"禹不答他的询问，只对大家说，"查得怎么样？"

⑨大员们一面膝行而前，一面面面相觑，列坐在残筵的下面，看见咬过的松皮饼和啃光的牛骨头，非常不自在——却又不敢叫膳夫来收去。

⑩"禀大人，"一位大员终于说，"倒还像个样子——印象甚佳。松皮水草，出产不少；饮料呢，那可丰富得很。百姓都很老实，他们是过惯了的。"

⑪"卑职可是已经拟好了募捐的计划，"又一位大员说，"准备开一个奇异食品展览会，另请女隗小姐来做时装表演，来看的可以多一点儿。"

⑫"这很好。"禹说着，向他弯一弯腰。

⑬"不过第一要紧的是赶快派一批大木筏去，把学者们接上高原来。"第三位

大员说，"学者们有一个公呈在这里，他们以为文化是一国的命脉，学者是文化的灵魂，只要文化存在，华夏也就存在，别的一切，倒还在其次……"

⑭"他们以为华夏的人口太多了，"第一位大员道，"减少一些倒也是致太平之道。况且那些不过是愚民，那喜怒哀乐，也绝没有智者所推想的那么精微的。……"

⑮"胡说！"禹心里想，但嘴上却大声地说道："我经过查考，知道先前的方法——'湮'，确是错误了。以后应该用'导'！不知道诸位的意见怎么样？"

⑯静得好像坟山；大员们的脸上也显出死色，许多人还觉得自己生了病，明天恐怕要请病假了。

⑰"这是蚩尤的法子！"一个勇敢的青年官员悄悄地愤激着。

⑱"卑职的愚见，窃以为大人是似乎应该收回成命的。"一位白须白发的大员，这时觉得天下兴亡，系在他的嘴上了，便把心一横，置死生于度外，坚决地抗议道，"'湮'是老大人的成法。'三年无改于父之道，可谓孝矣。'——老大人升天还不到三年。"

⑲禹一声也不响。

⑳"况且老大人花过多少心力呢。借了上天的息壤，来湮洪水，虽然触了上天的恼怒，洪水的深度可也浅了一点儿了。这似乎还是照例地治下去。"另一位花白须发的大员说，他是禹的母舅的干儿子。

㉑禹一声也不响。

㉒"我看大人还不如'干父之蛊'，"一位胖大官员看着禹不作声，以为他就要折服了，便带些轻薄地大声说，不过脸上还流出着一层油汗，"照着家法，挽回家声。大人大约未必知道人们在怎么讲说老大人罢……"

㉓"要而言之，'湮'是世界上已有定评的好法子，"白须发的老官恐怕胖子闹出岔子来，就抢着说道，"别的种种，所谓摩登者也，昔者蚩尤氏就坏在这一点上。"

㉔禹微微一笑："我知道的。有人说我的爸爸变了黄熊，也有人说他变了三足鳖，也有人说我在求名，图利。说就是了。我要说的是我查了山泽的情形，征了百姓的意见，已经看透实情，打定主意，无论如何，非'导'不可！这些同事，也都和我同意的。"

㉕他举手向两旁一指。白须发的，花须发的，小白脸的，胖而流着油汗的，胖而不流油汗的官员们，跟着他的指头看过去，只见一排黑瘦的乞丐似的东西，不动，不

言，不笑，像铁铸的一样。

（有删改）

问： 鲁迅说，"我们从古以来，就有埋头苦干的人，有拼命硬干的人，有为民请命的人，有舍身求法的人……这就是中国的脊梁"。请谈谈本文是如何具体塑造这样的"中国的脊梁"的。

参考答案

①形象描写：将禹及其随员描写为"乞丐似的大汉"，写出艰苦卓绝的实干家形象。

②言行描写：文中的禹坚毅寡言，一旦说话，则刚直有力。

③对比手法：始终在同众大员的对比中塑造禹及其随员，从而凸显其"中国的脊梁"形象。

第四节　小说物象作用题

端子曰　题型辨别

一、题干示例

（1）……意象反复出现，有什么作用？

（2）作者多次提及……有怎样的艺术效果？

（3）……对于结构设置与情感表达有什么作用？

二、题干总结

题干中点明某个物象，要求分析其"作用""妙处""艺术效果"等，即可判定题目为物象作用题。

端独家　答题要点

物象作用题，注意从"物象内涵""人物塑造""情节安排""环境""主旨"五大方面进行解答。（速记口诀：内人请精致，即内涵、人物、情节、环境、主旨）

一、物象内涵

点明物象的功能和特征，点出物象的内涵和意义。

二、人物塑造

物象衬托了人物……的品格，突出了人物……的形象。

三、情节安排

物象往往是组织和推动情节发展的线索物件。如果物象反复出现，那么往往有串起相关情节、成为全文线索、使结构更加严谨的作用。

四、环境、主旨

物象衬托或点明社会环境（交代背景），或对……有象征意义，揭示和深化文章主旨。

端独家 答题模板

……（物象）是……（文中表层义），象征着……（深层义），衬托了人物……的品格，突出了人物……的形象。物象推动了情节发展，或贯穿全文，是文章的线索，使文章结构严谨。物象衬托或点明社会环境（交代背景），揭示和深化文章主旨。

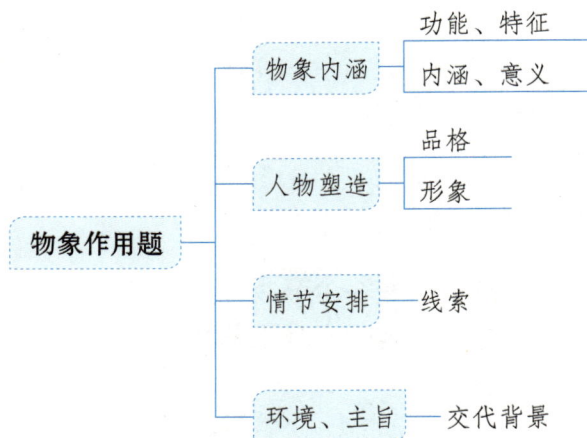

```
                                              功能、特征
                              物象内涵
                                              内涵、意义

                                              品格
                              人物塑造
                                              形象
         物象作用题
                              情节安排 —— 线索

                              环境、主旨 —— 交代背景
```

端优选 典型例题

阅读文章，回答问题

静

沈从文

①女孩子岳珉年纪十四岁左右，有一张营养不良的小小白脸，正在后楼屋顶晒台上，望到一个从城里不知谁处飘来的脱线风筝，在头上高空里斜斜地溜过去。身后楼梯有小小声音，一个男小孩子手脚齐用地爬着楼梯："小姨，小姨，婆婆睡了，我上来一会儿好不好？"女孩便走过去，把小孩援上晒楼。

②日头十分温暖，景象极其沉静，两个人一句话不说，望了一会儿天上，又望了一会儿河水。

③他们是逃难来的，母亲，大嫂，姐姐，姐姐的儿子五岁大的北生。糊糊涂涂坐了十四天小小篷船，船到了这里以后，应当换轮船了，一打听各处，才知道武昌城还被围着，过上海或过南京的船、车全已不能开行。

④到此地以后，一家人就找寻了一间屋子权且居住下来，打发随来的兵士过宜昌，去信给北京同上海，等候各方面的回信。爸爸是一个武昌军部的军事代表。哥哥也是个北京军官，二哥在上海教书。几个人住此已经有四十天了。母亲原是一个多病

的人，身体原来就很坏，加之路上又十分辛苦，自然就更坏了。

⑤"为什么这样清静？"女孩岳珉心里想着。过一会儿，从里边有桃花树的小庵堂里，出来了一个小尼姑，手上提了一个篮子，越过大坪向河边走来。这小尼姑走到河边，慢慢地卷起衣袖，各处望了一会儿，又望了一阵天上的风筝，才从容不迫地，从提篮里取出一大束青菜，一一地拿到流水里乱摇乱摆。因此一来，河水便发亮地滑动不止。小尼姑把菜洗好了，又用一段木杵，捣衣裳，捣了几下，又把它放在水中去拖摆几下，于是再提起来用力捣着。小尼姑在水边玩厌了，便提了篮子，走回去了。

⑥小尼姑走后，女孩岳珉望到河中水面上，有几片菜叶浮着，想起这小尼姑的快乐，想起河里的水，远处的花，天上的云，以及屋里母亲的病，这女孩子，不知不觉又有点儿寂寞起来了。

⑦她记起了早上喜鹊，在晒楼上叫了许久，心想每天这时候送信的都来送信，不如下去看看，抱着北生下楼。到房里去时，看到躺在床上的母亲，静静的如一个死人，很柔弱很安静地呼吸着，又瘦又狭的脸上，为一种疲劳忧愁所笼罩。母亲像是醒过一会儿了，一听到有人在房中走路，就睁开了眼睛。

⑧女孩岳珉说："妈，妈，天气好极了，晒楼上望到对河那小庵堂里桃花，今天已全开了。"

⑨病人不说什么，想到刚才咳出的血，微微地笑着。

⑩"你咳嗽好一点儿吗？"

⑪"好了好了，不要紧的。珉珉我做了个好梦，梦到我们已经上了船，三等舱里人挤得不成样子。"其实这梦还是病人捏造的。

⑫望到母亲同蜡做成一样的脸，女孩就勉强笑着："我昨晚当真梦到大船，还梦到三毛老表来接我们，今早上喜鹊叫了半天，爸爸莫非已动身了！"

⑬"今天不来明天应来了！"

⑭两人故意这样乐观地说着，互相哄着对面那一个人。

⑮姐姐同嫂嫂，从城北卜课回来了，两人正在天井里悄悄地说着话。女孩岳珉便站到房门边去，装成快乐的声音："姐姐，大嫂，先前有一个风筝断了线，线头搭在瓦上曳过去，隔壁那个妇人，用竹竿捞不着，打破了许多瓦，真好笑！"

⑯女孩岳珉拉了姐姐往厨房那边走去，低声地说："姐姐，看样子，妈又吐了！"姐姐说："怎么办？北京应当来信了！"小孩走过姐姐身边来，把两只手围抱着他母亲："娘，娘，大婆又咯咯地吐了，她收到枕头下！"病人在房里咳嗽不止，

姐姐同大嫂便进去了。

⑰"看呀，看呀，快来看呀，一个一块瓦的大风筝跑了，快来，快来，就在头上，我们捉它！"北生拍着手叫着。

⑱女孩岳珉抬起来了头，果然从天井里可以望到一个高高的风筝，如同一个吃醉了酒的巡警神气，偏偏斜斜地滑过去，隐隐约约还看到一截白线，很长的在空中摇摆。

⑲女孩岳珉便不知所谓地微微地笑着。日影斜斜的，把屋角同晒楼柱头的影子，映到天井角上，恰恰如另外一个地方，竖立在她们所等候的那个爸爸坟上一面纸制的旗帜。

（有删改）

问：文中多处写到"风筝"这个意象，请说明这个细节在全文中的作用。

端子曰 名师解析

这是一道物象作用题，考查"风筝"在文章之中多次出现的作用。我们要思考，"风筝"本身的内涵，对人物、对环境、对主旨、对结构，都有哪些作用。

结合原文，"望到一个从城里不知谁处飘来的脱线风筝，在头上高空里斜斜地溜过去"写看风筝，风筝从城里来，表达了小女孩对家乡的思念。"先前有一个风筝断了线，线头搭在瓦上曳过去"，意味风筝很多，结合前面的象征意义，暗示了漂泊无家可归的人很多，暗示了社会的动荡局面。结尾"果然从天井里可以望到一个高高的风筝……隐隐约约还看到一截白线，很长的在空中摇摆"写风筝依然在空中摇摆，意味着小女孩还和原来一样，暗示人物悲惨的结局。

参考答案

①"看风筝"表达了对亲人回归的期盼。

②"风筝"象征战乱时代底层人民无法掌握自己的命运。

③飘摇不可捉摸的风筝暗示故事的悲惨结局。

端演练 **综合练习**

阅读文章，回答问题。

失 独

张 丽

①初冬难得的晴日，蓝天沉在池塘的水底，几朵云彩被粼粼的波光清洗着，白得晃眼。

②进村第二家是英子的娘家，三十年前我就熟了。从小学到初中，我和英子是最要好的同学、姐妹，连英子妈都说，她家就是我家。英子家很温暖，爸妈和善，房子又是我们老家最好的红砖墙。还有三间厚实的木楼，冬天暖和，夏天阴凉。我和英子在她的房间吃柿子、柿饼，躺着咬耳朵说悄悄话，趴着做作业。总在我们玩累的时候，传来英子妈的喊声："伢们，快出来吃饭。"这次，也是午饭时分，只是隔了三十年，还少了一个人。是的，少了英子。我是一个人回来看英子妈，也是我的干妈的。

③英子屋后的银杏树光秃秃的，散落的黄叶被风吹得七零八落。那棵柿子树向苍天伸着无助的枝干，托着几个红红的小灯笼。都冬天了，竟然还有没被寒霜打落的柿子。柿子可是英子最爱吃的啊，如果……我不敢想，鼻子发酸，脚步发软。拐了个弯，就看见坐在太阳下的英子妈。才一年不见，她更瘦小了，头发全白了，像罩着一团水洗的白云。曾几何时，我和英子抢着在她头上涂抹洗发水，揉搓出一把把白色的泡沫，跳着笑着欢叫，妈妈是个白头翁，妈妈成了老奶奶！英子妈真的成了老奶奶。我都走到她跟前了，还不见一点儿动静。趴在她脚边的黄狗，叫了一声，懒懒地仰头看我。

④我喊了声"干妈"，没有回应。便走到她面前，她看着我，表情呆呆的，似乎面对一个陌生人。

⑤"干妈，您不认识我啊？我是兰兰，英子的好朋友啊！"我拉过她的手说。

⑥"英子？英儿——"干妈机械地念叨着英子，手拍怀里的小棉被，身子一下下摇动。椅子很扎实，是20世纪70年代家家有的圆椅，椅靠大半圆，弯到前方空着，孩子坐进去后，用木棍穿过弯靠洞眼，以防孩子掉下来。这种圆椅是为小孩制作的，大人一般坐不进去。干妈坐的显然是英子小时候的圆椅。

⑦"不是啊，干妈，我是兰兰，兰兰！"我拥着干妈做无力的申辩——她已经不认识我了，甚至脑子不清醒。风吹进我酸涩的双眼，强忍的泪珠在池塘道道波光的映射下，颗颗滴落。

⑧怕干妈看见，便赶紧擦了眼泪找英子爸爸。

⑨进门又是白，先是一院子的白棉絮，再是干爸的白发、白胡子。

⑩干爸拍着我的背，说："过去了，伢，莫哭，哭也哭不回。"

⑪我捂住嘴，忍住不哭，可干爸的眼睛分明是红的。他叹了口气："唉，英儿走了，真的走了，可她妈就是不相信哪！"

⑫干爸带我去英子的房间，那是我和英子的闺房啊！一切还是过去的模样——床靠墙摆着，书桌上摆放的柿子软塌塌的，起了黑斑。床上铺着床单，厚厚的被子是绸缎被面，条纹被里，摸上去柔软温暖。干爸打开衣柜，除了英子的衣服，全是棉絮。

⑬"英儿从小怕冷，她妈年年给她种棉花，打棉絮。太阳出来就抱出来晒。"干爸说。

⑭我走到院子里，把脸埋进吸饱了温暖的棉絮，阳光的味道扑鼻而来，一股温热顺着我的双眼、鼻翼，缓缓流下。

⑮"自从英儿一走，你干妈脑子糊涂了。天天坐在那个圆椅里。那椅子，唉，是英子爸留下的。"

⑯"怎么可能？您是说——英子不是你们的孩子？"我觉得干爸也开始犯糊涂。

⑰"兰兰，你忘了吗？小时候你俩问过我们的，为啥椅子底板上的名字不是我们的。"

⑱"是的，我记得。底板上的名字是阮清华，我们村方圆几十里没有姓阮的。"

⑲"英儿妈不能生，我们才抱养的她。把她当宝贝养大，哪晓得她年纪轻轻得了肺癌，才活到四十岁——就要我俩老，白发人送她……"干爸的话在风中颤抖："她爸是山里的木匠，伢养多了不耐活。英儿小，没人带，丢在圆椅里不愿意，哭死哭活的，爸妈哪忍心——我们抱她过来，她爸妈送了圆椅，说是个念想，还有那小包被……"

⑳干妈还在阳光下，手拍小包被念叨着什么。

㉑英子稚气的话又在我耳边响起："兰兰，你有一群兄弟姐妹，我为啥是独苗啊？"

㉒"独苗吃独食。你看，满树的柿子都是你一个人的！"站在树下，我喃喃着当年的话语。

㉓池塘的水泛着清冷的白光。"啪"，一个柿子落到地面，鲜红的汁液，血一般飞溅。

（摘自《北京文学》2017年3期，有删改）

问："柿子"这个物象在文中反复出现，有何作用？请试做分析。

参考答案

①"柿子"作为小说环境中的一部分，在文中反复出现，渲染了悲伤凄苦的氛围。

②"柿子"作为小说中的物象，在文中反复出现，有力地衬托了人物内心的痛苦与绝望。

③"柿子"作为勾起回忆的媒介，在文中反复出现，将过去和现在串联在一起，形成反差，推动了故事的发展。

④"柿子"具有象征意义，象征着英子经历风雨后的离世和干妈干爸经历打击后的沉痛与绝望，表现了作者对生命消逝的惋惜和哀悼之情。

第五节 小说情节概括题

端子曰 题型辨别

一、题干示例

（1）用简明的语句概括主要故事情节。

（2）文中共写了哪几件事？请依次加以概括。

（3）这篇小说的情节是如何展开的？请加以概括。

（4）请围绕……梳理文章的基本情节。

（5）请梳理出小说的行文思路。

二、题干总结

题干中要求梳理小说的脉络，梳理小说的行文思路，概括小说的几个故事，梳理故事的过程，诸如此类的题目都可以判定为情节概括题。

端独家 答题要点

对于小说情节概括题，我们可以用"数、理、化"，即"数变化""理脉络""化答案"的方式进行解答。

一、数变化

地点或场景的变化。

（注意大地点和小场景）

时间或时刻的变化。

（注意大时间和小时刻）

人物和行动的变化。

（注意次要人物的出场、注意全新事件的发生）

> 小说出现几次变化，
> 往往代表有几个情节。

二、理脉络

注意开端、发展、高潮、结局的分布。

高潮：矛盾最为尖锐之时、真相大白之时、情节反转之时、揭示主旨之时。

运用插叙或倒叙的文本要调整情节顺序。

三、化答案

组织答案时，注意表达的丰富和完整。

模板1：在……的场景或情景下，主人公+事件，次要人物+事件。

模板2：次要人物+事件，主人公+事件。

注意：行文脉络题，组织答案时，要注意"开端—发展—再发展—高潮—结局"的答题思路。

> 注意高潮的判别方法！

端独家 答题模板

①开端：在……的场景或情景下，人物+事件。

②发展：在……的场景或情景下，人物+事件。

③再发展：在……的场景或情景下，人物+事件。

④高潮：在……的场景或情景下，人物+事件。

⑤结局：在……的场景或情景下，人物+事件。

```
                                    地点或场景
                        数变化 ─────时间或时刻
                                    人物和行动
情节概括题
速记口诀：数理化          理脉络 ─────开端、发展、高潮、结局
                                    注意：插叙或倒叙
                        化答案 ─────主人公＋事件
                                    次要人物＋事件
```

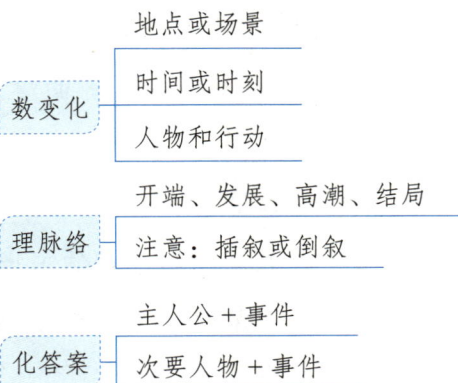

端优选 典型例题

阅读文章，回答问题。

这个"毅"字很重要

宗　璞

①昆明下着雪，雪花勇敢地直落到地上。红土地、灰校舍和那不落叶的树木，都蒙上了一层白色。天阴沉沉的，可是雪白得发亮，一切都似乎笼罩在淡淡的光里。这在昆明是很少见的。

②几个学生从校门走出，不顾雪花飘扬，停下来看着墙上，雪光随着他们聚在这里。各样的宣传抗战的标语壁报，或只是几句话，有的刚贴上去，有的已经掉了一半，带着厚厚糨糊的纸张被冷风吹得飒飒地响，好像在喊叫。

③孟嵋坐在教室里。教室房顶的洋铁皮换成了茅草，屋角有一条裂缝，原来很窄，现在变宽了。七年了，还没有走出战争，那裂缝仿佛也长大了，变老了，是在等着我们去打胜仗吗？

④这一节课是江昉先生的《楚辞》选修课。有些理工科的学生也选读，还有从别的学校特地赶来的。他们说，听江先生的课，如同饮一杯特制的美酒，装的是中华文化的浪漫精神。讲义是江昉自编的，他正在校勘《楚辞》，把研究心得和他诗人的创造力融合在一起，使得这门课十分叫座。这些日子因战事和学生从军，人心波动不安，这间教室现在还是坐满了人。

⑤嵋在椅子的搁板上摆好讲义和笔记本，正襟危坐。旁边的同学在小声说话，一个同学上前把黑板仔细地擦了一遍，一面哼着"打胜仗，打胜仗。中华民族要自强——"

⑥打胜仗，打胜仗！嵋心里想着，再不打胜仗，连这教室都老了。

⑦江昉抱着一摞书走进教室，把手中的书摊在桌上，把口中叼着的烟斗放在讲台上，他从不含着烟斗上课。他拿起粉笔，在黑板上写了"国殇"两个大字。教室里一阵翻讲义的声音，随即是肃静。

⑧江昉坐在椅上，两眼望着屋顶，慢慢地吟诵。他的声音低沉而洪亮，抑扬顿挫，学生随着声音认真地读着诗句。读完全诗，江昉把摊在桌子上的书又摆整齐。这是他的习惯，带了书来，摊一下就算是用过了。

⑨默然片刻以后，他开始讲，先介绍了《国殇》在《九歌》中的地位，便逐句

讲解。江昉讲话时，微阖双目，有时把烟斗在桌上磕一磕。讲完这两句，他问大家："我说得够明白？"稍停了一下，又接下去讲。

⑩讲到"首身离兮心不惩"这一句时，激昂起来："首身分离是古来一句常用的话，用具体的形象表示死。人死了，可是其心不改，精神不死。屈原在《离骚》中有句云'虽九死其犹未悔'，一个人，一个国家，一个民族，就要靠这点儿精神。最后一句'魂魄毅兮为鬼雄'，有的版本作'子魂魄兮为鬼雄'，这样一来就差一些，还是'魂魄毅兮为鬼雄好'，这个'毅'字很重要。"

⑪江昉起身到黑板前写字，只听哧的一声，长衫的下摆被椅上露出的钉子撕破了，现出里面的旧棉袍，上面有好几个破洞，棉絮从破洞里露出来。他毫不觉得，只管讲述，同学们也视而不见。写完板书，他就捏着粉笔站着讲，棉絮探着头陪伴他一直到下课。

⑫几个同学围上去提问题。其他同学在议论滇西情况。敌人占领了我滇西土地，切断了滇缅公路，一切外援物资都靠空运。这条空运道路非常艰险，飞机在山谷中飞行，又有敌机拦截，坠落牺牲常有所闻。大家愤愤不已。有人说战场听起来太远了，应该走进去，每人都出一把力。

⑬嵋想到了"面目枯槁、衣衫褴褛"这几个字，好像有人这样形容屈原，他用生命的膏汁点燃丰富的思想，把自己烧尽。他的死如同琴弦的崩裂，如同夜空中耀眼的闪电，留下滚滚雷鸣，响彻古今。先生们也是这样，会不会？大概那也是值得的。

⑭江昉走后，嵋收拾书包。同学庄无因走了进来，手里拿着一把伞："要下雪了，知道吗？"

⑮又下雪了，下得很急，不像昆明的雪。两人走进图书馆，在最里面的长桌前，对面坐了。无因取出一叠粗纸，开始笔谈。

⑯"解析几何有问题吗？"嵋的下节课是解析几何，无因特来做课前辅导。"现在的问题不是解析几何，我有更重要的问题。"

⑰无因脸上显出一个大问号。

⑱"我在想，社会需要我们做什么？我们最应该做什么？我想去从军。"嵋在"从军"下面重重画了条横线。

⑲"你从军能做什么？我很难想象。"

⑳急雪在窗外飞舞，敲打着薄薄的玻璃窗。窗隙中透进了冷风，有同学过去将窗关紧。这一切他们两人都不觉得。

㉑"我做我能做的一切。"这是嵋的回答。

㉒无因在后面接着写道:"我可以做些建议吗?"

㉓"我知道你的建议,应该好好读书。可是现在更需要我们的地方是战场。"无因看了不语。

㉔嵋又推过一张纸来,上写着:"我只是烦了,连教室都老了。我想去加一把力,打胜仗,好结束战争。我想,那也是我们的本分。"

㉕"当然我也有这样的本分,不过我也有别的本分。你也有别的本分。"

㉖嵋抬头望了无因一眼,不觉哧地一笑,仍低头看那张粗纸,写道:"你应该继续读书,你会有大作为的。"

㉗"也许战场上的每一个生命都会有大作为。我相信你就会为这世界增添很多,增添什么我不知道。"

㉘"莫非数学定理?"嵋抬起眼睛又一笑,微向上翘的睫毛挂着几颗晶莹的水珠。

㉙两人相视无语。无因收起那些粗纸,两人走出图书馆。急雪已经过去,几点雪花缓缓飘落。

㉚无因打伞送嵋到教室,便自走了。

㉛嵋不知这节课讲些什么。看着年轻的教员,只觉得他很像一个士兵。

㉜晚饭后父亲弗之才回来,他是学校的历史系教授,也是教务长,下午刚去送过一批参军的学生。他说:"我站在那里,看着眼前那些年轻的脸,一个个都显得那样聪明活泼。我们不得不将他们送上战场,我们不得不如此。我难过的是,自己不能去。"

㉝灯光昏暗,弗之长叹一声。这时嵋忽然大声说:"爹爹,娘,我要去从军。"

㉞母亲碧初猛然站起来,一手扶住嵋的肩。

㉟"你?"弗之说,"可你是女孩子!"

㊱正上高二的小弟合子委屈地说:"我已经去报过名了。可是他们说我年纪太小了。"

㊲嵋说:"我认真考虑过了,我要为胜利加一把力。"

㊳"阿爷无大儿,木兰无长兄。"弗之喃喃自语。

㊴"我不必市鞍马,也不是替爷征——不过,也算是代爹爹完成一个心愿吧。"嵋说着,望了母亲一眼,不觉流下泪来。碧初也已泪光莹然。弗之伸手拭去了妻子的泪,又抚着嵋的头,手在微微颤抖,默然不语。火盆里燃烧的木炭由红转白,发出轻微的声响。

㊵这一晚，弗之夫妇很久不能入睡。就嵋的性格来讲，她做出什么事，他们都不会惊异。谁都有责任去打胜这场战争，难得有这些好青年。可是嵋究竟是女孩子，年纪又小，叫人怎么放心。

㊶碧初坐起来，走到灯下缝东西。弗之说："又缝什么？灯这么暗，不要缝了。"碧初叹息道："你没看见嵋的手冻成什么样了？想缝一双棉手套，反正家里有旧布，总比买的便宜。"弗之默然半晌。

㊷碧初又缝了一会儿见他还在那里，便说："总有办法的，只要大家在一起，我什么也不怕——现在，嵋又要走了。"弗之叹道："这也是她的志气。"碧初不再说话，小小的银针在手里飞舞。

㊸三日后，嵋戴着母亲缝制的温暖的手套，告别了父母，和同学一起到曲靖医士训练班报到去了。

（有删改）

注：本文节选自长篇小说《西征记》，有删改，标题为选者所拟。《西征记》是以抗日战争时期西南联合大学的生活为背景创作的。

问：小说中画波浪线的句子表现了孟嵋的心理变化，请结合相关内容，说说孟嵋的心理经历了哪些变化，并简要分析变化的原因。

端子曰 名师解析

这是一道融合了人物形象概括、情节概括、原因概括等多个考查点的概括题。

画线的三句话中"再不打胜仗，连这教室都老了"表现了对胜利的期盼，"我想去加一把力，打胜仗，好结束战争"表明孟嵋想参军，"我认真考虑过了，我要为胜利加一把力"表明孟嵋下定决心去参军。

原因可以结合"一个同学上前把黑板仔细地擦了一遍，一面哼着'打胜仗，打胜仗。中华民族要自强——'""人死了，可是其心不改，精神不死。屈原在《离骚》中有句云'虽九死其犹未悔'，一个人，一个国家，一个民族，就要靠这点儿精神""也许战场上的每一个生命都会有大作为。我相信你就会为这世界增添很多，增添什么我不知道""我站在那里，看着眼前那些年轻的脸，一个个都显得那样聪明活泼。我们不得不将他们送上战场，我们不得不如此。我难过的是，自己不能去"等内容进行概括归纳。

参考答案

　　心理变化：由对打胜仗的渴望，对抗战长期没有胜利的埋怨、烦闷，到有了从军的想法，到最后坚定了从军的决心。

　　原因：同学"打胜仗"的小声哼唱，引发了孟嵋的心理活动；江昉先生授课的内容和孟嵋与庄无因关于国难当头青年人社会责任的讨论，推动了孟嵋的心理变化；父亲送别参军学生后的感喟，使孟嵋坚定了从军报国的决心。

端演练 综合练习

阅读文章，回答问题。

晕厥羊

铁　凝

　　①老马一生没有什么特别的嗜好，就是喜欢吃蒜。但是，这个通俗而又廉价的嗜好并不总是能够顺利地被满足，原因是他的老伴绝不能闻大蒜的气味。

　　②昨晚临睡前，她已经向他交代了这几天他一个人在家应该注意的事情：冷水表里的存水不多了，水表好像有点儿不准。现在，老马穿好衣服来到客厅，又推开老伴房间虚掩着的门观察片刻，在确认房子里真的没有老伴之后，便疾步进了厨房，拉开柜橱的最下边一只抽屉，拿出预先藏好的两头蒜，三下两下地剥起来。

　　③这时有人按门铃。

　　④老马不觉浑身一激灵：莫非她丢了什么东西又折回来取？慌乱中他把蒜藏进抽屉赶紧去开门——他从来不敢怠慢老伴的门铃声。门开了，唉，原来是单位的出纳给他送工资来了。老马接了工资信手放在门厅的餐桌上，接着赶紧回到厨房继续剥蒜。眼看着那些象牙色的、光溜溜、鼓绷绷的小蒜瓣在他手下越聚越多，老马心中那想吃的欲望说什么也按捺不住了，他抓起一瓣丢进嘴里猛嚼，一股热辣辣的蒜香伴着脆生生的响动在老马口腔里爆炸。这就是幸福了，咀嚼中的老马暗自思量。

　　⑤这时又有人按门铃。

　　⑥正在享受大蒜的老马本来不愿意此刻有人造访，但是，正因为几头大蒜下肚，经常打不起精神的老马，现在是精神昂扬、力量充沛，尤其当他看见门口没有老伴。门口是个陌生人，可这个陌生人按了门铃又转身要走，老马就非常想要把他拦住，他

觉得现在他既有拦住这人的力量又有拦住这人的权利。

⑦老马说："你怎么按了门铃就走啊？"

⑧陌生人说："你这是201，我找错门了。"

⑨老马说："你想找谁家？"

⑩陌生人说301，说自己是小区物业公司的水工。

⑪提起物业公司，老马更不想放这人走了。"我正想找物业公司呢，你必须进来先给我查查这表。"

⑫老马的态度是不由分说的，陌生人却显得犹豫，也许还有几分不易觉察的慌张。但这犹豫和慌张显然敌不过老马的不由分说，于是他跟着老马走进了老马的家。

⑬其实老马也未必想到陌生人这么听话，他一向缺少让别人听他发令的体验。现在他发令了，陌生人居然听令了，老马终于体验到了命令别人的愉悦。陌生人摘下身上的工具包，站在水表跟前似是而非地鼓捣了几下。他鼓捣不成什么，就又回到门厅，急于离开的样子。

⑭陌生人的态度很让老马恼火。他开始厉声谴责站在门厅里的这个人。

⑮陌生人低眉顺眼地听着老马谴责，不争辩也不反驳。就为了陌生人的低眉顺眼和他的不争辩不反驳吧，情绪激昂的老马还获得了一种前所未有的意外满足感。原来人都有看别人低眉顺眼的欲望，对别人低眉顺眼一生的老马今天终于也尝到了别人对自己低眉顺眼的甜头。老马头上冒着热汗，满嘴喷着不散的蒜气，借着不请自来的某种珍贵的快感连想带说连说带想，从务实说到务虚又从务虚返回务实，最后，他终于向面前这个沉默而懦弱的"水工"喊出了他此刻打算实施的计划："既然你做不了经理的主，我也就不再怪你。"

⑯沉默的"水工"就在这时突然把身子晃了几晃，接着双膝一弯就软软地倒在老马家门厅的地上。

⑰"怎么了？这是怎么了？难道他是被我吓晕了不成？"老马有点儿惭愧，然而，让老马不敢承认的是，这惭愧里却又掺和着某种莫名的满足。原来他老马也有今天，他也能对一个年轻力壮的活人充满威慑力量，他也能让一个活人低眉顺眼，最后他也能把一个活人吓晕过去。

⑱当老马打通"120"急救中心电话叫了对方来救人，很快从客厅里出来时，发现门厅地上那个晕着的人已经不见了。他的心紧缩了一下，好像刚明白了什么。惊慌中的老马赶紧回屋，进门先看餐桌，餐桌上他那昝不算厚实的工资也不见了，确实不

见了。一切都在瞬间。

⑲老马在餐桌旁坐下，人像瘪了似的，翻来覆去只有一个感慨："这个'水工'跟我配合得多好啊。"

⑳这晚老马不吃不喝和衣睡去。

㉑老马再次醒来并不是早晨，可能是深夜一点钟。他再也睡不着，耷拉着一张更显"自来旧"的脸爬起来看电视，一个澳大利亚的电视片，讲他们那里有一种奇怪的羊，那是一种长不大的小羊，害怕声音，害怕风雨，害怕比它们大的动物，外界稍有响动就会导致它们晕厥，动物学家命名它们为"晕厥羊"。

㉒他本能地对画面上那些晕厥羊有好感，那是活脱儿一个他自己啊。可是，早晨晕在老马家地上的那个人他又是谁呢？

㉓一只晕厥羊兴许完全有能力去恐吓另一只晕厥羊。

（有删改）

问：请梳理出小说的行文思路。

参考答案

开端：交代老马喜欢吃蒜，老伴临走前嘱咐"水表好像有点儿不准"。

发展：正在偷剥私藏的大蒜时有人按门铃，虚惊后匆忙把工资放在餐桌上。

再发展：自称小区水工的陌生人按门铃，老马让他看水表并训斥他，陌生人吓晕。

高潮：老马去客厅打电话想救人，回来发现陌生人已逃离并偷走了自己的工资。

结局：老马心里难受，觉得自己就是晕厥羊。

第六节 小说情节作用题

端子曰 题型辨别

一、题干示例

（1）小说写……有什么作用？

（2）小说以……结尾，这样处理有怎样的艺术效果？

（3）本文以……开篇，这样写有什么作用？请简要分析。

（4）小说为什么设置……情节？

二、题干总结

题干中出现情节提示词，如"时间""地点""开端""结尾"等，与此同时，也出现表作用的词，如"作用""目的""用意""效果"等，即可判定题目为情节作用题。

端独家 答题要点

对于小说情节作用题，要从"人物""情节""环境""主旨""效果"五大方面进行解答。

一、人物

通过……（情节概括），丰富（塑造）了一个……的……形象。（其中，"……形象"可以填人物身份、人物性格、人物命运等）

二、情节

注意所分析情节在文中所处的位置，位置不同则作用不同。

【开头】引出下文，做铺垫或埋伏笔。

【中间】承上启下；照应前文，引出下文。

【结尾】照应前文、开头、标题。

【多情节】前后两个情节的关系，如因果关系、对比关系、转折关系、补充关系等。前后三个情节的关系，如流畅自然，层层递进；一波三折，富有波澜；等等。

三、环境

交代人物的活动背景是……；突出了环境……的特征，渲染了……的气氛；暗示了当时……的社会背景。

四、主旨

揭示或暗示了……的主旨，点明或升华了……的情感。

五、效果

【开头】设置悬念，激发读者兴趣。

【结尾】发人深省、引人深思，震撼人心、回味无穷。

【整体】情节本身的特色：浪漫、写实、严肃、幽默、魔幻、讽刺等。多个情节的效果：层层推进，联系紧密；一波三折，波澜起伏；等等。

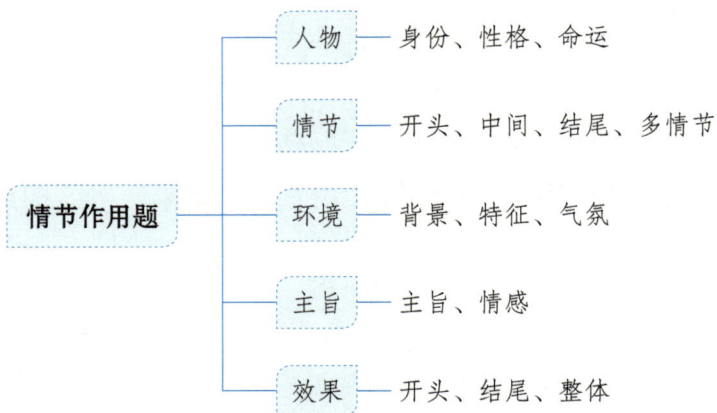

```
                            人物 —— 身份、性格、命运

                            情节 —— 开头、中间、结尾、多情节

            情节作用题       环境 —— 背景、特征、气氛

                            主旨 —— 主旨、情感

                            效果 —— 开头、结尾、整体
```

端优选 典型例题

阅读文章，回答问题。

简·爱（节选）

[英]夏洛蒂·勃朗特

①那天，出去散步是不可能了。从午饭时起便刮起了冬日凛冽的寒风，随后阴云密布，大雨滂沱，室外的活动也就只能作罢了。

②我倒是求之不得。我向来不喜欢远距离散步，尤其在冷飕飕的下午。试想，阴冷的薄暮时分回得家来，手脚都冻僵了，还要受到保姆贝茵的数落，那情形委实可怕。

③此时此刻，伊丽莎、约翰和乔治亚娜都在客厅里，簇拥着他们的妈妈里德太

太。她则斜倚在炉边的沙发上，身旁坐着自己的小宝贝们，一副安享天伦之乐的神态。而我呢，她恩准我不必同他们坐在一起了，说是她很遗憾，不得不让我独个儿在一旁待着。

④客厅的隔壁是一间小小的餐室，我溜了进去。里面有一个书架，我从上面拿下一本书来，爬上窗台，缩起双脚，盘腿坐下，将红色的波纹窗帘几乎完全拉拢，把自己加倍隐蔽了起来。

⑤在我右侧，绯红色窗幔的皱褶挡住了我的视线；左侧，明亮的玻璃窗庇护着我，使我既免受十一月阴沉天气的侵害，又不与外面的世界隔绝。在翻书的间隙，我抬头细看冬日下午的景色，只见远方白茫茫一片云雾，近处湿漉漉一块草地和受风雨袭击的灌木。一阵持久而凄厉的狂风，驱赶着如注的暴雨，横空归过。

⑥我重又低头看书，那是本比尤伊克的《英国鸟类史》。内中写到了只有海鸟栖居的"孤零零的岩石和海岬"。那里，北冰洋掀起的巨大漩涡，咆哮在极地光秃凄凉的小岛四周。"广袤无垠的北极地带和那些阴凄凄的不毛之地，宛若冰雪的储存库。千万个寒冬所积聚成的坚冰，像阿尔卑斯山的层层高峰，光滑晶莹，包围着地极，把与日俱增的严寒汇集于一处。"导言中的这几页文字，与后面插图相配，使兀立于大海波涛中的孤岩，搁浅在荒凉海岸上的破船，以及透过云带俯视着沉船的幽幽月光，更加含义隽永了。

⑦打扰来得很快，餐室的门开了。

⑧"嘘！苦恼小姐！"约翰·里德叫唤着，随后又打住了，显然发觉房间里空无一人。

⑨"幸亏我拉好了窗帘。"我想。我真希望他发现不了我的藏身之地。可惜伊丽莎从门外一探进头来，就说：

⑩"她在窗台上，准没错。"

⑪我立即走出来，因为一想到要被约翰硬拖出去，身子便直打哆嗦。

⑫"什么事呀？"我问，既尴尬又不安。

⑬"该说'什么事呀，里德少爷？'，我要你到这里来。"他在扶手椅上坐下，打了个手势，示意我走过去站到他面前。

⑭约翰是个十四岁的学生，比我大四岁，约翰对母亲和姐妹们没有多少感情，而对我则很厌恶。他欺侮我，虐待我，经常如此，弄得我每根神经都怕他。有时我会被他吓得手足无措，因为面对他的恐吓和欺侮，我无处哭诉。用人们不愿站在我一边去得罪他们的少爷，而里德太太则装聋作哑，儿子打我骂我，她熟视无睹。

⑮我对约翰已惯于逆来顺受，因此便走到他椅子跟前。他二话没说，猛然间狠命揍我。我一个趔趄，从他椅子前倒退了一两步才站稳身子。

⑯"你躲在窗帘后面干什么？"他问。

⑰"在看书。"

⑱"把书拿来。"

⑲我走回窗前把书取来。

⑳"你没有资格动我们的书。妈妈说的，你靠别人养活你，你没有钱，你爸爸什么也没留给你，你应当去讨饭，而不该同像我们这样体面人家的孩子一起过日子。现在我要教训你，让你知道翻我们书架的好处。滚，站到门边去，离镜子和窗子远些。"

㉑我照他的话做了，起初并不知道他的用意，但是他把书举起，立起身来摆出要扔过来的架势时，我一声惊叫，本能地往旁边一闪。可是迟了，那本书已经扔过来，正好打中了我，我应声倒下，脑袋撞在门上，碰出了血来，疼痛难忍。

㉒他向我直冲过来，我只觉得他抓住了我的头发和肩膀。我觉得一两滴血从头上顺着脖子淌下来，感到一阵热辣辣的剧痛。这些感觉一时占了上风，我不再畏惧，而发疯似的同他对打起来。我不太清楚自己的双手到底干了什么，只听得他杀猪似的号叫着。他的帮手近在咫尺，伊丽莎和乔治亚娜早已跑出去讨救兵。里德太太上了楼梯，来到现场，后面跟随着贝茜和女佣艾博特。她们把我们拉开了，我只听见她们说：

㉓"哎呀！哎呀！这么大的气出在约翰少爷身上！"

㉔"谁见过那么火冒三丈的！"

㉕随后里德太太补充说：

㉖"带她到红房子里去，关起来。"于是，马上就有两双手按住了我，把我推上楼去。

（有删改）

注：文中的"我"是主人公简·爱。"我"从小父母双亡，被舅舅里德收养。故事开始时舅舅已经去世，"我"和舅妈一家生活在一起。

问：文中用了大量篇幅写约翰对"我"的殴打，这一情节有何作用？请加以分析。

端子曰 名师解析

这是一道非常典型的情节作用题，可以从"人物""情节""环境""主旨""效果"五大方面进行解答。

约翰殴打"我"的情节，涉及里德一家与"我"两类人物，表现了这两类人物的形象特点。此外，这一情节能够表现出"我"所在的生活环境是悲惨且危险的。这一情节展现了矛盾冲突极为激烈的场景，吸引了读者的阅读兴趣，引起读者深深的共情。

参考答案

①人物上表现了"我"敢于抗争的性格，丰富了人物形象；进一步塑造了里德太太一家对"我"的冷漠甚至凶残的形象。

②环境上展现了"我"悲惨的生活环境。

③情感上引起了读者对"我"的同情和对里德一家的愤恨，效果上激发了读者关注"我"的命运的兴趣。

端演练 综合练习

阅读文章，回答问题。

红薯飘香

金意峰

①那是一个荒年。百亩良田颗粒无收，蛇鼠虫豸四散逃逸，村民挖空心思构筑自家的粮仓，连平时最关心的游行活动也偃旗息鼓了。

②县里别村的农民兄弟雪中送炭，运来了满满几卡车红薯。我和大哥把一筐红薯抬回家时，三弟的眼睛都放出光来了。

③奇怪的是，没有大白米吃，我们三兄弟吃红薯照样吃得兴高采烈。那年大哥十四岁，我十岁，三弟八岁。我们边吃边比赛放屁，看谁放的屁响。浓酽的"红薯屁"在屋子里飘荡时，我们忍不住接二连三地打出几个幸福的饱嗝。

④但是有一天爹把我们叫到柴房，手一指。我们傻眼了。筐里的五十斤红薯少了四分之一。可以预见的是，照这样的速度，接下去少的将不是四分之一，而是三分之一，二分之一……爹阴沉着脸咳嗽一声，说："几个根，往后的日子长着呢，咱得悠着点儿。"

⑤我们家有三个根。大哥叫木根，我叫水根，三弟叫土根。

⑥三个根咬着嘴皮子，不吭声。

⑦红薯快吃完的那几天，爹和娘离开了家，据说去江苏老舅家借粮。

⑧他俩一走，三个根就放了羊。

⑨我们手里攥着弹弓，在屋前屋后转来转去，开始惦记天上的鸟。

⑩很快我们在隔壁杜家院子里的槐树上发现了一只竹筐。这只竹筐像一只硕大的鸟笼一样挂在一根粗大的枝丫上。

⑪杜家的成分一直很可疑，听说是富农，因此尽管还未等到游行，这家人平时已像惊弓之鸟，很少抛头露面。此刻，看到杜家门扉紧闭，三个根轻巧地翻过了矮墙。

⑫大哥让我们等在树下，他上去。大哥贼头贼脑地把筐里的东西往口袋里塞，又飞快地溜下树。

⑬"回去，快，别让三朵花看见。"

⑭三朵花就是杜家的三个丫头：梅花、兰花、菊花。

⑮三朵花长得虽细瘦，但每一个都伶牙俐齿，三个根不是她们的对手。

⑯到家后大哥把东西掏出来，是红薯。原来挂在槐树上的筐里面装的是红薯。

⑰大哥说："还有好多呢，不敢再拿了，那可是人家的口粮啊。"

⑱"这是不是偷？"我问。

⑲"有什么办法，总不能饿肚子。"大哥说。

⑳第二次是我上的树。三弟年纪小，不让他上。

㉑我们偷红薯竟然偷出了瘾。只要肚子一饿，我们就会又痛苦又甜蜜地把目光转向那只挂在杜家槐树上的竹筐。奇怪的是我们下手的机会竟然很多。杜家的油漆大门吱嘎一关，我们立刻兴奋得像三只花果山上的小猴。

㉒不过有一天大哥发现了问题。他有点儿疑惑。他说："我们这样偷来偷去，那筐里的红薯怎么会一点儿都没减少？上星期我数过的，一共十二只，今天我又数了一遍，居然还是十二只。"他说："一定是杜老六每天都往筐里添红薯，杜老六这个人是不是有点儿老糊涂了？竟然不知道有人在偷他家的红薯。"

㉓不知为什么，我们开始窥视杜老六一家的日常生活。马上我们发现他们在院子里走动、说话、看书、扫地、晒被子……和别人没什么两样。

㉔倒是我们三个根有时会遭遇尴尬。那多半是在路上与杜老六相遇。尽管杜老六总是客气地笑笑，我们仍然感到惴惴不安。如果身边的闲人不多，我们就会心虚地喊

他一声"六叔"。

㉕时光飞逝。大哥后来做了村里的村主任。三弟去西北大学读书。我也在度过了三年军营生活之后，光荣复员了。记得我回村第一个闪过的念头竟然是去看看杜家的那棵老槐树。或许是因为老槐树给我留下了太深的印象。更不可思议的是，我突然迫切地希望自己与杜家的人面对面地站在一起。

㉖回村那天，大哥已到村委会上班去了。杜老六发现了我，汗涔涔的脸上笑吟吟的。"你是季家的水根吧，几年不见，长壮实啦！"

㉗我说："六叔，你的身体也不错，跟从前一样结实。"

㉘杜老六笑了："老了，终归是老了点儿，梅花兰花菊花都嫁人了，还能不老？"

㉙我开始用眼睛瞄那棵槐树。槐树上还挂着那只竹筐，像当年那样轻轻地晃荡。我有点儿激动。

㉚"六叔，"我有点儿难为情地说，"小时候我们三兄弟实在太不懂事了，三天两头偷您挂在树上的红薯……"

㉛杜老六眨了眨眼，嘿嘿地笑。他说："你以为你们三兄弟做的事躲得过我的眼睛？我早知道了。话说回来，那时候穷，加上自然灾害，大伙儿都过得不容易，我和三个闺女胃细，也吃不了那么多的红薯，又不敢送过来，怕扫了你们的面子……"

㉜我的眼睛忽然湿润了。

（有删改）

问：小说以杜老六的话揭开真相为结尾，这样安排有何作用？请结合作品简要分析。

参考答案

①结构上，真相的揭开照应了前文他们兄弟偷红薯因数量不变感到疑惑的情节，这样的安排出人意料又在情理之中，耐人寻味。

②人物形象上，表现杜老六心地善良又能顾及别人面子的特点，使人物形象更加鲜明。

③主题表达上，表现了人们在饥荒年代里依然葆有的那份美好感情，蕴含着作者对人性美的讴歌，突出了作品的主旨。

第七节 小说环境概括题

端子曰 题型辨别

一、题干示例

（1）小说所描写的……环境有何特点？

（2）小说中人物所处的环境体现出怎样的特征？

（3）请简要概括这篇小说中……生活环境的特点。

二、题干总结

题干中点明某段环境描写，并要求分析其"特点""特征""氛围"，或者要求总结是"什么样的"，等等，即可判定题目为环境概括题。

> 注意区分是自然环境概括，还是社会环境概括。

端独家 答题要点

一、自然环境概括

答题时，注意三个要点：定意象，明特征，谈感受。

（1）定意象：找出描写的是哪些景物。

（2）明特征：景物的各自特征和共同特征（形、声、色）。

（3）谈感受：景物引起的感受。

二、社会环境概括

答题时，注意四个要点：人、际、场、域。

（1）人：人物的处境与状态。

（2）际：角色间的人际关系。

（3）场：情节展开的时间、场合。

（4）域：特定的地域文化背景。

端独家 答题模板

自然环境特点的概括：……（摘取原文中的关键词）描绘了……的画面，渲染了……的氛围，表达了……的感情。

社会环境特点的概括：……（摘取原文中的关键词）描绘了……的场景，渲染了……的氛围，暗示了……的社会背景。

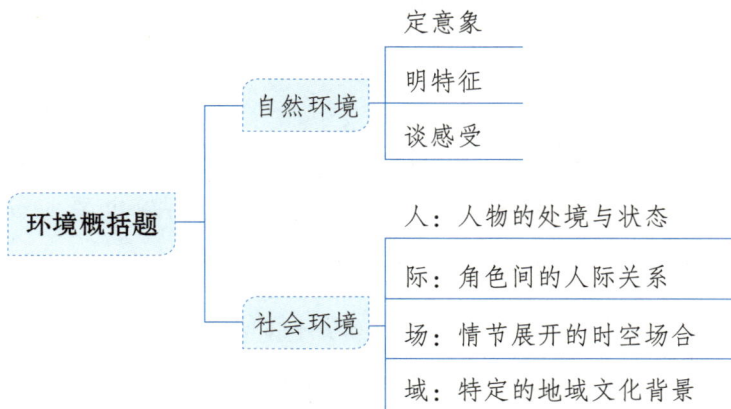

```
环境概括题 ┬ 自然环境 ┬ 定意象
          │         ├ 明特征
          │         └ 谈感受
          │
          └ 社会环境 ┬ 人：人物的处境与状态
                    ├ 际：角色间的人际关系
                    ├ 场：情节展开的时空场合
                    └ 域：特定的地域文化背景
```

端优选 典型例题

（2018年江苏卷）阅读文章，回答问题。

小哥儿俩

凌叔华

①清明那天，不但大乖二乖上的小学校放一天假，连城外七叔叔教的大学堂也不用上课了。这一天早上的太阳也像特别同小孩子们表同情，不等闹钟催过，它就跳进房里来，暖和和地趴在靠窗挂的小棉袍上。

②前院子一片小孩子的尖脆的嚷声笑声，七叔叔带来了一只能说话的八哥。笼子放在一张八仙方桌子上，两个孩子跪在椅上张大着嘴望着那里头的鸟，欢喜得趴在桌上乱摇身子笑，他们的眼，一息间都不曾离开鸟笼子。二乖的嘴总没有闭上，他的小腮显得更加饱满，不用圆规，描不出那圆度了。

③吃饭的时候，大乖的眼总是望着窗外，他最爱吃的春卷也忘了怎样放馅，怎样卷起来吃。二乖因为还小，都是妈妈替他卷好的，不过他到底不耐烦坐在背着鸟笼子的地方，一吃了两包，他就跑开不吃了。

④饭后爸爸同叔叔要去听戏，因为昨天已经答应带孩子们一块去的，于是就雇了三辆人力车上戏园去了。两个孩子坐在车上还不断地谈起八哥。到了戏园，他们虽然

零零碎碎地想起八哥的事来，但台上的锣鼓同花花袍子的戏子把他们的精神占住了。

⑤快天黑的时候散了戏，随着爸爸叔叔回到家里，大乖二乖正是很高兴地跳着跑，忽然想到心爱的八哥，赶紧跑到廊下挂鸟笼的地方，一望，只有个空笼子掷在地上，八哥不见了。

⑥"妈——八哥呢？"两个孩子一同高声急叫起来。

⑦"给野猫吃了！"妈的声音非常沉重迟缓。

⑧"给什么野猫吃的呀？"大乖圆睁了眼，气呼呼地却有些不相信。二乖愣眼望着哥哥。

⑨大乖哭出声来，二乖跟着哭得很伤心。他们也不听妈的话，也不听七叔叔的劝慰，爸爸早躲进书房去了。忽然大乖收了声，跳起来四面找棍子，口里嚷道："打死那野猫，我要打死那野猫！"二乖爬在妈的膝头上，呜呜地抽咽。大乖忽然找到一根拦门的长棍子，提在手里，拉起二乖就跑。妈叫住他，他嚷道："报仇去，不报仇不算好汉！"二乖也学着哥哥喊道："不报仇不算好汉！"妈听了二乖的话倒有些好笑了。王厨子此时正走过，他说："少爷们，那野猫黑夜不出来的，明儿早上它来了，我替你们狠狠地打它一顿吧。"

⑩"那野猫好像有了身子，不要打太狠了，吓吓它就算了。"妈低声吩咐厨子。

⑪大乖听见了妈的话，还是气呼呼地说："谁叫它吃了我们的八哥，打死它，要它偿命。""打死它才……"二乖想照哥哥的话亦喊一下，无奈不清楚底下说什么了。他也挽起袖子，露出肥短的胳臂，圆睁着泪还未干的小眼。

⑫第二天太阳还没出，大乖就醒了，想起了打猫的事，就喊弟弟："快起，快起，二乖，起来打猫去。"二乖给哥哥着急声调惊醒，急忙坐起来，拿手揉开眼。然后两个人都提了毛掸子，拉了袍子，嘴里喊着报仇，跳着出去。

⑬这是刚刚天亮了不久，后院地上的草还带着露珠儿，沾湿了这小英雄的鞋袜了。树枝上小麻雀三三五五地吵闹着飞上飞下地玩，近窗户的一棵丁香满满开了花，香得透鼻子，温和的日光铺在西边的白粉墙上。

⑭二乖跷高脚摘了一枝丁香花，插在右耳朵上，看见地上的小麻雀吱喳叫唤，跳跃着走，很是好玩的样子，他就学它们，嘴里也哼哼着歌唱，毛掸子也掷掉了。二乖一会儿就忘掉为什么事来后院的了。他溜达到有太阳的墙边，忽然看见装碎纸的破木箱里，有两个白色的小脑袋一高一低动着，接着咪噢咪噢地娇声叫唤，他就赶紧跑近前看去。

⑮原来箱里藏着一堆小猫儿，小得同过年时候妈妈捏的面老鼠一样，小脑袋也是面团一样滚圆得可爱，小红鼻子同叫唤时一张一闭的小扁嘴，太好玩了。二乖高兴得要叫起来。

⑯"哥哥，你快来看看，这小东西多好玩！"二乖忽然想起来叫道，一回头哥哥正跑进后院来了。

⑰哥哥赶紧过去同弟弟在木箱子前面看，同二乖一样用手摸那小猫，学它们叫唤，看大猫喂小猫奶吃，眼睛转也不转一下。

⑱"它们多么可怜，连褥子都没有，躺在破纸的上面，一定很冷吧。"大乖说，接着出主意道，"我们一会儿跟妈妈要些棉花同它们垫一个窝儿，把饭厅的盛酒箱子弄出来，同它们做两间房子，让大猫住一间，小猫住一间，像妈妈同我们一样。"

⑲"哥哥，你瞧它跟它妈一个样子。这小脑袋多好玩！"弟弟说着，又伸出方才收了的手抱起那只小黑猫。

（有删改）

问：小哥儿俩是在什么样的家庭环境中成长的？请简要分析。

端子曰 名师解析

这是一道社会环境概括题。回答时，要注意"人、际、场、域"四个方向。

通过故事发生场景可知小哥儿俩的家庭经济状况良好，通过人物之间的关系可知家庭氛围和谐，兄友弟恭，主仆融洽。通过人物的言行与活动可知家庭非常注重教育。

参考答案

①经济状况良好：家有厨子、花园等。

②文化氛围浓厚：家有书房，经常看戏，注重教育，等等。

③人际关系和谐：尊重孩子，兄弟友爱，主仆融洽，等等。

端演练 综合练习

阅读文章，回答问题。

邮差先生

师 陀

①邮差先生走到街上来，手里拿着一大把信。在这小城里，他兼任邮务员、售票员，仍有许多剩余时间，就戴上老花眼镜，埋头在公案上剪裁花样。当邮件来到的时候，他站起来，念着将它们拣好，小心地扎成一束。

②"这一封真远！"碰巧瞥见从云南或甘肃寄来的信，他便忍不住在心里叹息。他从来没有想到过比这更远的地方。其实他自己也弄不清云南和甘肃的方位——谁教它们处在那么远，远到使人一生也不想去吃它们的小米饭或大头菜呢？

③现在，邮差先生手里拿着各种各样的信，从甘肃和云南来的邮件毕竟很少，最多的还是学生写给家长的。

④"又来催饷了，"他心里说，"足够老头子忙三四天！"

⑤他在空旷少人的街上走着，如果碰见母猪带领着小猪，便从旁边绕过去。小城的阳光晒着他花白了的头，晒着他穿着皂布马褂的背，尘土从脚下飞起，落到他的白布袜子上，他的扎腿带上。在小城里，他用不着穿号衣。一个学生的家长又将向他诉苦："毕业，毕我的业！"他将听到他听过无数次的，一个老人对于他的爱子所发的充满善意的怨言，他于是笑了。这些写信的人自然并不全认识他，甚至没有一个会想起他，但这没有关系，他知道他们，他们每换一回地址他都知道。

⑥邮差先生敲门。门要是虚掩着，他就走进去。

⑦"家里有人吗？"他在过道里大声喊。

⑧他有时候要等好久。最后从里头走出一位老太太，她的女婿在外地做生意，再不然，她的儿子在外边当兵。她出来得很仓促，两只手湿淋淋的，分明刚才还在做事。

⑨"干什么的？"老太太问。

⑩邮差先生告诉她："有一封信，挂号信，得盖图章。"

⑪老太太没有图章。

⑫"那你打个铺保，晚半天到局子里来领。这里头也许有钱。"

⑬"有多少？"

⑭ "我说也许有，不一定有。"

⑮ 你能怎么办呢？对于这个好老太太。邮差先生费了半天唇舌，终于又走到街上来了。小城的阳光照在他的花白头顶上，他的模样既尊贵又从容，并有一种特别的风韵，看见他，你会当他是趁便出来散步的。说实话，他又何必紧张，手里的信反正总有时间送到，又没有另外的什么事等候着他。虽然有时候他是这样抱歉，因他为小城送来——不，这种事是很少有的，但愿它不常有。

⑯ "送信的，有我的信吗？"正走间，一个爱开玩笑的小子忽然拦住他的去路。

⑰ "你的信吗？"邮差先生笑了，"你的信还没有来，这会儿正在路上睡觉呢。"

⑱ 邮差先生拿着信，顺着街道走下去，没有一辆车子阻碍他，没有一种声音叫他分心。阳光充足地照到街道上、屋脊上和墙壁上，整个小城都在寂静的光耀中。他身上要出汗，他心里——假使不为尊重自己的一把年纪跟好胡子，他真想大声哼唱小曲。

⑲ 为此，他深深赞叹："这个小城的天气多好！"

1942年

（有删改）

问：请简要概括这篇小说中小城生活的特点。

参考答案

平静、恬淡，人际关系和谐，生活节奏舒缓。

（或者：寂静、祥和、安宁、舒缓、讲原则。）

第八节　小说环境作用题

端子曰　题型辨别

一、题干示例

（1）小说第×自然段的景物描写有何作用？

（2）请分析画线部分景物描写的功能。

（3）小说对……环境的描写有何用意？

（4）文中……处的环境描写，对情节发展、人物形象塑造、表现主题等有何作用？

（5）小说中具有多处环境描写，请分析其作用。

（6）小说三次写到……的场景，有何意义？

二、题干总结

题干中点出包含环境描写的句段，要求分析其"作用""功能""意义"等，即可判定题目为环境作用题。

端独家　答题要点

对于环境作用题，可以从"人物""情节""环境""主旨""效果"等五个方面进行解答。

一、人物

烘托人物心情，塑造人物形象，暗示人物命运。

二、情节

推动情节发展，引出下文……的情节；为下文情节做铺垫或设置悬念；照应前后文，使文章结构紧凑；作为线索串联情节（多次出现）。

三、环境

交代故事发生的时间及地点，为人物、事件提供背景环境；点明环境的特点，创设典型场景，场景开阔（紧凑），渲染故事气氛。

四、主旨

点明主旨，暗示主旨，揭示主旨，深化主旨，升华情感。暗示社会生活，对社会现实进行赞美、批判或反思。

五、效果

激发读者的兴趣，引发读者思考，增加故事的真实性。

注意：环境多次出现的作用。

两次环境描写：①分开答每一处的作用（人物、情节、环境、主旨、效果）。②两处环境的关系：两处环境描写相同，作用是照应，呼应，暗示时间流逝；两处环境描写不同，作用是对比。

三次环境描写：①分开答每一处的作用（人物、情节、环境、主旨、效果）；②三处环境的关系：前后呼应，层层递进。

环境作用题
- 环境 —— 背景、特点、气氛
- 人物 —— 心情、形象、命运
- 情节 —— 情节、铺垫或设悬念、照应、线索
- 主旨 —— 点明、暗示、揭示、深化、升华 / 赞美、批判、反思
- 效果 —— 兴趣、思考、真实性

端优选 典型例题

（2019年全国Ⅲ卷）阅读文章，回答问题。

到梨花屯去

何士光

①这故事开场时是颇为平淡的，只是后来，马车快要进梨花屯，而两个乘客也沉默时，回过头来看一看，兴许才有一点儿故事的意味……

②一辆马车从白杨坝出来，车夫是个老人家。在一座石桥旁，他把一个中年人让到车上来。看得出，这是位下乡干部。

③天色好晴朗。水田还没有栽上秧子，但苞谷已长得十分青葱，初夏的山野，透

露着旺盛的生命力，叫人沉醉不已。碎石的马路拐弯了，爬坡了，又拐弯了，又爬坡了。不时有布谷在啼叫，车上的人似乎打起盹来了。

④不知过了多久，马车停住。打盹儿的干部猛地抬头，看见有人正上到车上来。

⑤"啊，谢主任？"来人犹豫地打招呼，似乎有些意外。

⑥"是……老赵同志？"谢主任噎噔了一下，也有些突然。

⑦车抖了一下，从横过路面的小小水沟上驶过。

⑧谢主任把香烟掏出来，递一支给老赵："去梨花屯？"语气中有和解的意味。

⑨老赵谨慎地回答："是。"

⑩"去包队吗？"

⑪"是。胜利大队。"

⑫"我也是！"谢主任和蔼地笑起来，"我们都是十回下乡九回在，老走梨花这一方！"

⑬笑颜使气氛松动起来。三只白鹤高高飞过，不慌不忙扇动着长长的翅膀，在蓝天里显得又白又亮……

⑭"老赵，"谢主任开诚布公地谈起来，"我一直想找机会和你谈谈呢！为七六年秋天在梨花挖那条沟，你怕还对我有些意见哪！"

⑮"谢主任，你说到哪里去了！"

⑯"实事求是嘛！当时我是工作队的负责人，瞎指挥是我搞的，该由我负责！有人把责任归到你头上，当然不应当！"

⑰"我……"

⑱"我也明知那条沟不该挖，一气就占了四十亩良田。但当时压力大啊；上边决定要挖，社员不同意挖，是我硬表了态：我叫挖的，我负责！"

⑲"这种表态，"老赵想了一想，"我也表过……"

⑳"那是因为我先表嘛！"谢主任接过话头，"老赵，去年报上有篇报道，你读过没有？"

㉑"哪一篇？"

㉒"谈得真好！"谢主任不胜感慨地说，"是基层干部座谈。总结说：上面是'嘴巴硬'，基层干部是'肩膀硬'！基层干部负责任。像是报道的安徽……"

㉓路转了一个大弯——在一座杉树土岗前好像到了尽头，接着又一下子在马车前重新展现出来，一直延伸到老远的山垭口……

㉔"正是这样嘛！"谢主任点头，"那条沟，责任由我负！"

㉕"我也有责任！那是分派给我的任务。如果不是我催得紧，态度那样硬，说不定就挖不成！责任归我负！"

㉖双方都有诚恳的态度，气氛十分亲切了，甚至到了甜蜜的地步。

㉗路旁出现了一条水沟。水欢快地流淌着，发出叫人喜悦的响声……

㉘他们无拘无束地谈下去了。谈形势，谈这次去梨花屯纠正"定产到组"中出现的种种偏差，等等。后来，拉起家常来了……

㉙越近梨花屯，地势就越平坦，心里也越舒畅。突然，谢主任拍了拍赶车老汉的肩膀："停一停！"

㉚老人家把缰收住了。

㉛"两年多没到梨花，看看那条沟怎样了！"

㉜坝子上水田一块接着一块，已经犁过了。带着铧印的泥土静静地横陈着，吸收着阳光，像刚切开的梨子一样新鲜，透着沁人心脾的气息……

㉝看不见那条沟。

㉞谢主任问车夫："老同志，那条沟是不是在这一带？"

㉟老人家听不清。

㊱老赵大声说："沟——挖过一条沟啊！"

㊲"嗯，"老人家听懂了，点点头，"是挖过一条沟。唔，大前年的事喽，立冬后开挖的，分给我们六个生产队，每个劳力摊一截，我都有一截呢！顶上头一段，是红星队……"

㊳看来老人家说起话来是絮絮不休的。老赵终于打断了他："现在沟在哪里？"

㊴"哪里？"老人家摇着头，"后来填了嘛，去年，开春过后……"

㊵谢主任问："哪个喊填的？"

㊶"哪个？"老人家认真地想了一会儿，"没有哪个。是我们六个队的人商量的。总不成就让它摆在那里，沟不沟坎不坎的！唔，先是抬那些石头。论挑抬活路，这一带的人都是好手，肩膀最硬……"

㊷像我们在乡下会碰到的许多老人家一样，这位老人也有着对往事的惊人记忆，也许平时不大有机会说话，一旦有人听，他们就会把点点滴滴说得详详细细，有几分像自言自语，牵连不断地说下去。说下去，平平静静的，像是在叙述别人的而不是自身的事情，多少波澜都化为涓涓细流，想当初虽未必如此简单，而今却尽掩在老人家

略带沙哑的嗓音里了。

㊸后来，老赵提醒他："老人家，我们走吧！"

㊹老赵的声音，柔和得有些异样。而且不知为什么，这以后不论是老赵还是谢主任，都没再说一句话。

㊺啊，前面，杂树的碧绿和砖瓦的青灰看得见了。是的，梨花屯就要到了！

1979年5月

（有删改）

问：小说中有多处景物描写，请分析其功能。

端子曰 名师解析

这是一道环境作用题。本文有多处环境描写，它们本身就是去梨花屯的沿途风景，也是故事开展的自然背景；而"三只白鹤高高飞过……在蓝天里显得又白又亮""路旁出现了一条水沟。水欢快地流淌着，发出叫人喜悦的响声……"等处景物描写还烘托表现了谢、赵二人的心理变化；小说多处以初夏的山野风光为背景，苞谷、布谷、白鹤、流水、水田、泥土……这些意象散发着浓厚的乡土气息和醉人的诗情画意，使小说也洋溢着清新的田园风格，流露出生机勃勃的时代气息。

参考答案

①到梨花屯去的沿途风景，为故事的展开提供了自然背景。

②以景物描写的插入来配合氛围的变化及谢、赵二人的心理变化。

③使小说具有清新的田园风格，流露出生机勃勃的时代气息。

端演练 **综合练习**

阅读文章，回答问题。

林家铺子（节选）

茅 盾

①天又索索地下起冻雨来了。一条街上冷清清地简直没有人行。自有这条街以来，从没见过这样萧索的腊尾岁尽。朔风吹着那些招牌，嚓嚓地响。渐渐地冻雨又变成雪花的模样。沿街店铺里的伙计们靠在柜台上仰起了脸发怔。

②林先生和那位收账客人有一句没一句地闲谈着。林小姐忽然走出蝴蝶门来站在街边看那索索的冻雨。从蝴蝶门后送来的林大娘的呃呃的声音又渐渐加勤。林先生嘴里应酬着，一边看看女儿，又听听老婆的打呃，心里一阵一阵酸上来，想起他的一生简直毫没幸福，然而又不知道坑害他到这地步的，究竟是谁。那位上海客人似乎气平了一些了，忽然很恳切地说："林老板，你是个好人。一点儿嗜好都没有，做生意很巴结认真。放在二十年前，你怕不发财吗？可是现今时势不同，捐税重，开销大，生意又清，混得过也还是你的本事。"

③林先生叹一口气苦笑着，算是谦逊。

④上海客人顿了一顿，又接着说下去：

⑤"贵镇上的市面今年又比上年差些，是不是？内地全靠乡庄生意，乡下人太穷，真是没有法子——呀，九点钟了！怎么你们的收账伙计还没来呢？这个人靠得住吗？"

⑥林先生心里一跳，暂时回答不出来。虽然是七八年的老伙计，一向没有出过岔子，但谁能保到底呢？而况又是过期不见回来。上海客人看着林先生那迟疑的神气，就笑；那笑声有几分异样。忽然那边林小姐转脸对林先生急促地叫道：

⑦"爸爸，寿生回来了！一身泥！"

⑧显然林小姐的叫声也是异样的。林先生跳起来，又惊又喜，着急地想跑到柜台前去看，可是心慌了，两腿发软。这时寿生已经跑了进来，当真是一身泥，气喘喘地坐下了，说不出话来。林先生估量那情形不对，吓得没有主意，也不开口。上海客人在旁边皱眉头。过了一会儿，寿生方才喘着气说：

⑨"好险呀！差一些儿被他们抓住了。"

⑩"到底是强盗抢了快班船吗？"

⑪林先生惊极，心一横，倒逼出话来了。

⑫"不是强盗。是兵队拉夫呀！昨天下午赶不上趁快班。今天一早趁航船，哪里知道航船听得这里要捉船，就停在东栅外了。我上岸走不到半里路，就碰到拉夫。西面宝祥衣庄的阿毛被他们拉去了。我跑得快，抄小路逃了回来。唉，性命交关！"

⑬寿生一面说，一面撩起衣服，从肚兜里掏出一个手巾包来递给了林先生，又说道：

⑭"都在这里了。粟市的那家黄茂记很可恶，这种户头，我们明年要留心！——我去洗一个脸，换件衣服再来。"

⑮林先生接了那手巾包，捏一把，脸上有些笑容了。他到账台里打开那手巾包来，先看一看那张"清单"，打了一会儿算盘，然后点检银钱数目：是大洋十一元，小洋二百角，钞票四百二十元，这全部付给上海客人，照账算也还差一百多元。林先生凝神想了半晌，斜眼偷看了坐在那里吸烟的上海客人几次，方才叹一口气，割肉似的捧到上海客人跟前，又说了许多好话，方才得到上海客人点一下头，叹口气："再加一点儿吧，我也熬不过这个年关呀！"

⑯林先生几乎想哭出来，没有话回答，只是叹气。除了央求那上海客人再通融，还有什么别的办法？林先生忍痛又把这几天内卖得的现款凑成了五十元，这才把那位叫人头痛的上海收账客人送走了。

⑰此时已有十一点了，天还是飘飘扬扬落着雪。买客没有半个。林先生纳闷了一会儿，和寿生商量本街的账头怎样去收讨。两个人的眉头都皱紧了，都觉得本镇的六百多元账头收起来真没有把握。寿生挨着林先生的耳朵悄悄地说道：

⑱"听说南栅的聚隆，西栅的和源，都不稳呢！这两处欠我们的，就有三百光景，这两笔倒账要预先防着，吃下了，可不是玩的！"

⑲林先生脸色变了，嘴唇有点抖。

⑳"不过，师父，随他们去造谣吧，你不要发急。荒年传乱话，听说是镇上的店铺十家有九家没法过年关。时势不好，市面清得不成话。素来硬朗的铺子今年都打饥荒，也不是我们一家困难！天塌压大家，商会里总得议个办法出来；总不能大家一齐拖倒，弄得市面更加不像市面。"

㉑看见林先生急苦了，寿生姑且安慰着，忍不住也叹了一口气。

㉒雪是愈下愈密了，街上已经见白。偶尔有一条狗垂着尾巴走过，抖一抖身体，摇落了厚积在毛上的那些雪，就又悄悄地夹着尾巴走了。自从有这条街以来，从没见过这样冷落凄凉的年关！此时，远在上海，日本军的重炮正在发狂地轰毁那边繁盛的市廛。

（有删改）

问：文中有多处关于"雪"的描写，有什么作用？

参考答案

①渲染了一种冷落、萧索、凄清的氛围，增强了故事的悲剧意味。

②为人物的出场做铺垫，烘托了人物无助、凄凉的内心世界。

③"雪"从无到有、由少到多，暗示了林家铺子逐渐恶化的悲剧命运。

阅读文章，回答问题。

瓦尔特·施那夫斯奇遇记

［法］莫泊桑

①普鲁士大兵瓦尔特·施那夫斯觉得自己处处背时不顺。自从随军入侵法国以来，因身体肥胖，他走起路来很费劲，老是喘气，他那双又肥又厚的平脚板，痛得他苦不堪言。何况，他这个人生性爱好和平，心地厚道，他有四个孩子，对他们甚为钟爱，每当夜幕降临，他裹着大衣躺在地上睡觉时，总要久久地思念着留在家乡的妻子儿女，想着想着，有时禁不住就哭了。碰到好吃的东西，他总是细嚼慢咽，仔细品尝。他常想，人一死，世上一切良辰美景、欢快幸福岂不立即就化为乌有。因此，他打心眼里对大炮、步枪、手枪与军刀，怀着一种强烈的憎恨。

②他所属的那个兵团向诺曼底进发。田野里一切似乎都毫无动静，这些普鲁士人放心大胆走进一个沟壑纵横的小山谷。突然，枪声大作，猛烈的火力阻挡了他们的去路，他们队伍中立即有二十来人被撂倒。

③施那夫斯起初愣在那里没动，他一时不知所措，竟忘了赶快逃命。随后他拔腿就逃，但立即又意识到自己慢得像一只乌龟。这时他看见，在他前方六步开外有一道宽宽的地沟，上面长满荆棘并有枝叶掩盖，他猛然双脚一并，纵身往沟里一跳，正如从桥上往河里一跳那样。

④有一段时间，枪声、叫喊声与呻吟声仍清晰可闻。后来，一切归于平静，寂寥无声。

⑤这个普鲁士大兵开始盘算起来："我该怎么办呢？如果回部队的话，那又要去过开战以来那种苦不堪言的生活，每天忧心忡忡，惊恐不安，疲劳难耐！"

⑥"可是，到底怎么办呢？总不能老待在这条沟里到战争结束吧？一个人每天都需要吃东西呀！"

⑦他突发奇想："如果我当上俘虏就好了。"关在看管严密的牢狱里，有吃有住，枪弹打不着，刺刀碰不上，什么都不用害怕了。此一奇想既出，他的心就兴奋得跳动起来。他站起身来，决定立即去实施这个计划。但刚一站起来，他又呆立着不动了，心里又突然冒出令人烦恼的念头与新的顾虑。

⑧他上哪儿才能当上俘虏呢？怎么去当呢？奔哪个方向去？一瞬间，一幅幅可怕的画面，一幕幕死亡的情景，全涌入了他的脑海。

⑨如果碰到当地的农民呢？他们看见他这么一个掉队的没有自卫能力的普鲁士大兵，肯定会把他弄死。如果碰到法国的游击队呢？那批家伙可都是些无法无天、胡作非为的疯子。如果碰到法国正规军呢？他们的先头部队会把他当作一个胆大包天、狡诈非常的老油子侦察兵，肯定要把他射杀掉。

⑩这么想着想着，他感到绝望极了，处境险恶，毫无出路，他无可奈何，又一屁股坐在地上。

⑪夜幕突然降临，一片晦暗，万籁无声。他待在那里一动也不动。夜色中只要有一点儿轻微的陌生的声响，他都要吓得打哆嗦。正好有只兔子屁股擦到窝边发出了响声，险些吓得施那夫斯拔腿就逃。猫头鹰的叫声，更是把他的心撕碎了，使他感到一阵阵突如其来的恐惧。

⑫晨光又重新照临他头上。他又开始进行守望。

⑬一直又到了夜幕降临大地的时候，他不失时机悄悄地爬出地沟，猫着腰，胆战心惊地朝远处的城堡走去。

⑭城堡底层的窗户都透出灯光，其中有一扇窗还大大地敞开着；一阵浓浓的烧肉香从里面冲出来，钻进了他的五脏六腑，使得他呼吸急促，勇气骤增。于是，他不假思索，戴着尖顶盔就冒冒失失出现在那个窗口。

⑮屋里的人正围着一张大桌子吃晚饭。突然，他们瞧见了敌人！老天爷啊！普鲁士大兵攻进城堡了！在场的人争先恐后站起来，转眼间，人就跑空了，只剩下那张堆满了食物的桌子。施那夫斯则对眼前的这一幕感到莫名其妙。他迟疑了一会儿，就爬过窗台，朝那一桌食物走去。

⑯当一群武装到头发的士兵迅速抢占了整幢房子的时候，施那夫斯正在那里呼呼大睡。五十支上膛待发的枪一齐对准了他的胸，接着，把他从头到脚捆个结结实实。一位军服上镶着金线的胖军官，大喝一声："你被俘虏了！投降吧！"

⑰施那夫斯脸上露出了微笑，他，现在的确是面带微笑，因为他确认自己终于当上了俘虏！

（选自《莫泊桑短篇小说选》，有删改）

问：小说三次写到夜幕降临的场景，有何作用？请结合作品简要赏析。

参考答案

①前后三次写夜幕降临时的情形，使文章前后呼应，结构严谨；后两次还体现了时间的推移。

②第一次写夜幕降临时，施那夫斯和衣而睡，眼前的寒冷与他所向往的温馨家庭生活形成鲜明对比，表现了战争带给人民的痛苦。

③第二次夜幕降临时，施那夫斯当了逃兵，夜晚晦暗的环境、动物的响声，渲染了紧张气氛，衬托出他内心的恐惧。

④第三次夜幕降临时，饥饿难耐的施那夫斯终于鼓起勇气走向了城堡，这个场景推动情节的发展。

第二章　散文经典题型

　　作为高考全国卷中的新热点，也作为高考北京卷、天津卷中长盛不衰的大热门，散文考查往往侧重于经典题型。

　　本章共两节：散文内容概括题、散文词句含义题。囊括三种题型：内容概括题、词语含义题、句子含义题。

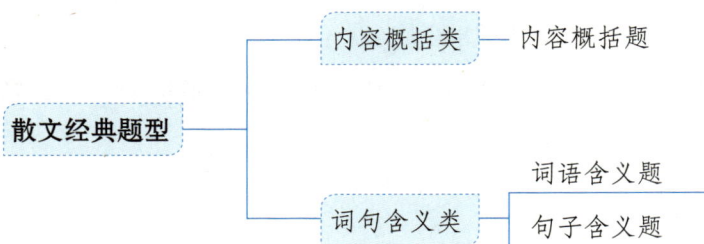

```
                           ┌── 内容概括类 ── 内容概括题
                           │
          散文经典题型 ──────┤
                           │                   词语含义题
                           └── 词句含义类 ──────
                                                句子含义题
```

第一节　散文内容概括题

端子曰　题型辨别

一、题干示例

（一）直接梳理文章思路

（1）文章写了……，请就此梳理作者的写作思路。

（2）文章是怎样构思的？请简要概括。

（3）文章主要分几个画面（部分）？这些画面（部分）是怎样组织在一起的？

（4）文章结构上有什么特点？请结合全文简析。

（二）间接梳理文章思路

（1）从内容变化的角度分析……的心理（情感）变化。

（2）请分析作者的心理变化。

二、题干总结

题干中出现"哪些""哪几种""什么样"等关键词，并出现"概括""梳理""总结""分析变化"等关键词，即可判定题目为概括类题。

端独家　答题要点

散文内容概括题与散文阅读紧密相关。答题时注意三个步骤：一定，二读，三归纳。

一、一定——阅读题干，确定答题方向

（1）答题范围：局部概括、整体概括。

（2）答题对象：人、事、景、物。

（3）答题方向：表现、特点、异同、原因、情感等。

二、二读——双重阅读，提炼相关内容

（一）读标题

了解文章大概内容，预想文章可能情感。

> 散文阅读方法：双重阅读法。
>
> 第一重：通读全文，划分层次，即读标题、通全文。
>
> 第二重：精读文章，抓住重点，即读重点内容。

（二）通全文

把握文章脉络：时空、发展、情感。

关注文章重点：开头段落、结尾段落、议论抒情句。

（三）读重点

结论性句子：转折之后的内容、递进前后的内容、假设之后的结论、因果前后的内容。

段落首尾句：重点关注总结语句或表达情感、体现思考的句子。

关注特殊标志：冒号、分号、代词等。

三、三归纳——归纳词句，总结概括答案

切勿完全照搬，一定要进行归纳概括。归纳概括时，要注意以下几点：

（1）保留句子主干：核心的主谓宾要尽可能保留。

（2）明确代词所指：如果有代词，注意将代词还原。

（3）抓核心修饰词：核心的定语、状语要保留。

（4）用通俗陈述句：缩写答案尽量不出现疑问句、反问句等。

端独家 答题模板

要点概括1：……（摘取文章中的关键词），表现了……（特征）或表达了……（情感）。

要点概括2：……（摘取文章中的关键词），表现了……（特征）或表达了……（情感）。

一定 —— 阅读题干，确定答题方向 —— 范围、对象、方向

内容概括题

二读 —— 双重阅读，提炼相关内容 —— 读标题、通全文、读重点

保留句子主干

明确代词所指

三归纳 —— 归纳词句，总结概括答案 —— 抓核心修饰词

用通俗陈述句

端优选 典型例题

（2021年全国甲卷）阅读文章，回答问题。

当痛苦大于力量的时候

王小鹰

①我认识他是在我们家附近的街心花园里，那时还没上小学。奶奶每星期从保育园接我回家，路过那小小的三角花园，我指着他的雕像问："他叫什么名字？"奶奶摇摇头，奶奶知道秦香莲和王宝钏，但不知道这个有着卷曲鬓角的男人是谁。后来读书了，老师讲了老渔夫和小金鱼的故事，并带我们到那三角花园，指着他说："那个美丽的故事就是他写的，他叫普希金。"

②汽车愈来愈靠近米哈伊洛夫斯克村，我的心情从焦虑逐渐趋于宁静。刚到普斯科夫的时候，听导游小姐说普希金父母的庄园不开放，我们全都急了起来，导游小姐多方努力，终于遂了我们的夙愿。

③穿过五彩斑斓的矮树林，满地的落叶在脚下咔嚓咔嚓作响，像是大地絮絮地向我们诉说一个古老的故事。没有其他参观的人，雨雾横亘处传出间歇的啁啾鸟鸣。大家无意言谈，都静静地品尝着悠远的诗意。我仿佛看见一个忧郁的白衣少女，正沿着落叶铺满的小路缓缓地走来，她就是达吉雅娜，我最钟爱的女性。1824年普希金遭受当局的迫害，被押解到米哈伊洛夫斯克村流放，他在这里完成了《叶甫盖尼·奥涅金》的重要章节。记得在大学中文系读书的时候，曾经为了书中的女主人公达吉雅娜与同学们争论。有的同学不喜欢她，认为她拒绝奥涅金的求爱，是为了维护她贵妇人的名声与地位而压抑本性；我却以为她拒绝奥涅金，是因为她看透了奥涅金只是在追求围绕她贵妇人身份的显赫与虚荣，而那些正是达吉雅娜所厌恶的。她的感情真挚、道德纯洁、性格坚忍，虽不合时宜却具有永久的魅力。

④一位年轻女子款款地走来，短发，着呢裙，碧蓝的大眼。不是幻觉，也不是达吉

雅娜，她是米哈伊洛夫斯克村的讲解员，毕业于彼得格勒大学的高才生。她的气度与庄园的气氛很相配，她讲话很有条理，娓娓动听，向我们介绍普希金在流放中的生活。

⑤普希金是一位伟大的俄罗斯民族诗人。在普斯科夫，我们与两位当地作家交谈时探讨过普希金的性格发展，他出身贵族却具有火般的爱国热情与进步的自由思想，因此屡遭沙皇迫害。他的思想转变是曲折而复杂的，他曾经写过几首支持沙皇进攻波兰的诗，作品中也一度出现怀疑和悲观，然而如今世界上恐怕没有人会怀疑普希金的伟大了。普斯科夫的作家说，他们出了普希金的选集三卷本，收集了普希金的最优秀的作品。而我以为应该为普希金出全集，让后人了解一个完整的、复杂的、真正的普希金。

⑥到米哈伊洛夫斯克村前我们先去圣山寺院拜谒普希金之墓，他与他的父母葬在一起，竖着一尊简朴的锥形石碑，在小小纪念堂里，鲜花丛中有普希金的石膏面模，是从普希金的遗体上合下来的。四壁挂着巨幅油画，描绘了风雪天他与丹特士决斗的情景以及临终前他不可名状的痛苦。普希金的死因从来众说纷纭，有人说他仅为爱情而死，亦有人说丹特士其实是沙皇派的杀手。普希金的妻子是莫斯科公认的第一美人，经常出入于上流社交场合。当他收到那些有关他妻子的匿名信时，他感到的不是妒忌，而是人格上的侮辱。几年前沙皇为了让普希金的妻子能出入宫廷舞会，赠给普希金"宫廷近侍"的职务，他说："我宁愿做奴隶，却永远不愿做弄臣！"普希金是为了维护人格的尊严而向丹特士挑战的。监视、流放，政治上的迫害都没有像人格受侮辱这样不可忍受，于是他奋起反抗社会的舆论。他并不是去寻找死亡，他是如战士那样视死如归。纪念堂里那幅描绘普希金临终情景的油画下面，写着普希金的遗言："我的痛苦已经大于我的力量了！"这样巨大的痛苦显然不仅仅是来自妻子的不贞，还有人格上的、事业上的种种，与其说诗人死于丹特士的子弹，不如说他是被当时沙皇统治下的压抑和黑暗窒息而死的。普希金是被来自社会的巨大痛苦吞噬的，因此他的死也不是属于个人的。

⑦细蒙蒙的雨一直似有似无地飘着，我们在米哈伊洛夫斯克村寻觅诗人的踪迹，心里沉淀着怀念、景仰与惆怅。我想起古人有一句话：峣峣者易缺，皎皎者易污。天才能感受到庸人感觉不到的痛苦，故而他们往往比庸人承担多得多的痛苦，故而他们的生命往往是那样的短暂而璀璨。人们是喜欢天才的命运还是庸人的生活呢？彩色的落叶铺满的林荫道在雨雾中静悄悄地延伸，就像我遏止不住的思绪……

（有删改）

问：作者访问米哈伊洛夫斯克村，为什么会联想到达吉雅娜？请谈谈你的看法。

端子曰 名师解析

这是一道原因概括题。

根据"1824年普希金遭受当局的迫害，被押解到米哈伊洛夫斯克村流放，他在这里完成了《叶甫盖尼·奥涅金》的重要章节"可知，米哈伊洛夫斯克村是普希金创作《叶甫盖尼·奥涅金》的地点，而达吉雅娜是作品的女主人公，故而作者联想起她很正常。

从情感上来看，由"我仿佛看见一个忧郁的白衣少女……她就是达吉雅娜，我最钟爱的女性""我却以为她拒绝奥涅金……她的感情真挚、道德纯洁、性格坚忍，虽不合时宜却具有永久的魅力"可知，作者钟爱达吉雅娜，认为她虽不合时宜却具有永久的魅力。

"记得在大学中文系读书的时候，曾经为了书中的女主人公达吉雅娜与同学们争论"，女主人公也关乎作者的青春回忆，故而引起作者的联想。

参考答案

①米哈伊洛夫斯克村是《叶甫盖尼·奥涅金》的创作地点，参观此地，想到这部作品及其主人公是自然的。

②达吉雅娜是本文作者最钟爱的女性。她的个性虽不合时宜，却具有永久的魅力。

③达吉雅娜跟本文作者的青春记忆有关。大学读书期间，因为她，本文作者还曾与同学争论。

端演练 综合练习

（2022年全国乙卷）阅读文章，回答问题。

"九一八"致弟弟书

萧 红

①可弟：

②小战士，你也做了战士了，这是我想不到的。

③世事恍恍惚惚地就过了。记得这十年中只有那么一个短促的时间是与你相处的，现在想起就像连你的面孔还没有来得及记住，而你就去了。

④记得当我们都是小孩子的时候，当我离开家的时候，那一天的早晨你还在大门外和一群孩子玩着，那时你才十三四岁，你看着我离开家，向着那白银似的满铺着雪的无边的大地奔去。你恋着玩，对于我的出走，你连看我也不看。

⑤而事隔六七年，你也就长大了，有时写信给我，因为我的漂流不定，信有时收到，有时收不到。但我读了之后，竟看不见你，不是因为那信不是你写的，而是在那信里边你所说的话，都不像是你说的。比方说一生活在这边，前途是没有希望的……

⑥我看了非常生疏，又非常新鲜，但心里边都不表示什么同情，因为我总有一个印象，你晓得什么，你小孩子。所以我回信的时候，总是愿意说一些空话，问一问，家里的樱桃树这几年结樱桃多少？红玫瑰依旧开花否？或者是看门的大白狗怎样了？你的回信，说祖父的坟头上长了一棵小树。在这样的话里，我才体味到这信是弟弟写给我的。但是没有读过你的几封这样的信，我又走了，越走越离得你远了。

⑦可弟，我们都是自幼没有见过海的孩子，海是生疏的，我们怕，但是也就上了海船，飘飘荡荡的，前边没有什么一定的目的，也就往前走了。

⑧不知多久，忽然又有信来，是来自东京的，说你是在那边念书了。恰巧那年我也要到东京去看看，我想这一次可以见到你了。这是多么出奇的一个奇遇。我一到东京就写信给你，约你第三天的下午六点在某某饭馆等我。

⑨那天，我五点钟就等在那里，一直到了六点钟，没有人来，我又多等了一刻钟，我又多等了半点钟，我想或者你有事情会来晚了的。到最后的几分钟，竟想到，大概你来过了，或者已经不认识我。第二天，我想还是到你住的地方看一趟。有一个老婆婆，说你已经在月初走了，离开了东京了。你那帘子里头静悄悄的，好像你在里边睡午觉的。半年之后，我还没有回上海，你又来了信，说你已经到了上海，是到上海找我的。我想这可糟了，又来了一个小吉卜赛。

⑩这流浪的生活，怕你过不惯，也怕你受不住。

⑪但你说："你可以过得惯，为什么我过不惯？"

⑫等我一回到上海，你每天到我的住处来，我看见了你的黑黑的人影，我的心里充满了慌乱。我想这些流浪的年轻人，都将流浪到哪里去。常常在街上碰到你们的一伙，你们都是年轻的，都是北方的粗直的青年，内心充满了力量。你们是被逼着来到这人地生疏的地方，你们都怀着万分的勇敢，只有向前，没有回头。但是你们都充

满了饥饿，所以每天到处找工作。你们是可怕的一群，在街上落叶似的被秋风卷着，弯着腰，抱着膀，打着寒战。那时你不知我心里的忧郁，你总是早上来笑着，晚上来笑着。进到我屋子来，看到可吃的就吃，看到书就翻，累了，躺在床上就休息。你那种傻里傻气的样子，我看了，有的时候，觉得讨厌，有的时候也觉得喜欢，虽是欢喜了，但还是心口不一地说："快起来吧，看这么懒。" 不多时就七七事变，很快你就决定了，到西北去，做抗日军去。

⑬你走的那天晚上，满天都是星，就像幼年我们在黄瓜架下捉着虫子的那样的夜，那样黑黑的夜，那样飞着萤虫的夜。

⑭你走了，你的眼睛不大看我，我也没有同你讲什么话。我送你到了台阶上，到了院里，你就走了。那时我心里不知道想什么，不知道愿意让你走，还是不愿意。只觉得恍恍惚惚的，把过去的许多年的生活都翻了一个新，事事都显得特别真切，又都显得特别模糊，真所谓有如梦寐了。

⑮可弟，你从小就苍白，不健康，而今虽然长得很高了，精神是好的，体力仍旧是坏的。我很怕你走到别的地方去，支持不住，可是我又不能劝你回家，因为你的心里充满了诱惑，你的眼里充满了禁果。

⑯恰巧在抗战不久，我也到山西去，有人告诉我你在洪洞的前线，离着我很近，我转给你一封信，我想没有两天就可见到你了。那时我心里可开心极了，因为我看到不少和你那样年轻的孩子们，他们快乐而活泼，他们跑着跑着，工作的时候嘴里唱着歌。这一群快乐的小战士，胜利一定属于你们的，你们也拿枪，你们也担水，中国有你们，中国是不会亡的。虽然我给你的信，你没有收到，我也没能看见你，但我不知为什么竟很放心，就像见到了你一样。因为你也是他们之中的一个，于是我就把你忘了。

⑰但是从那以后，你的音信一点儿也没有的。而至今已经四年了，你到底没有信来。我本来不常想你，不过现在想起你来了，你为什么不来信？

⑱今天又快到"九一八"了，写了以上这些，以遣胸中的忧闷。

⑲愿你在远方快乐和健康。

1941年9月

（有删改）

问：这封信情真意切，"恍恍惚惚"的情感状态更是一再呈现。请分析这种恍惚感的由来。

参考答案

①"恍恍惚惚"的情感状态与"我"对弟弟的牵挂和思念有关:"我"与弟弟相处短暂,离别之时弟弟年幼,在"我"的心中认为弟弟还未长大,而弟弟来信中说了一些苦闷的话,这让"我"甚至不相信他已长大;二人漂泊在外,个人命运充满未知。

②"恍恍惚惚"情感的背后是"我"对弟弟的担忧和不舍:弟弟决定参军抗日,"我"担心弟弟的安全,不舍弟弟的离开,但又不能阻止弟弟,内心陷入矛盾;为看到像弟弟一样的青年而高兴,但又为没有见到弟弟而牵挂担忧。

第二节 散文词句含义题

端子曰 题型辨别

一、题干示例

（1）"……"有多重意蕴（寓意），试简要分析。

（2）结合全文，说明文中"……"的含义。

（3）结合上下文，分析文中画线句的含意。

（4）请谈谈你对某某句的理解。

二、题干总结

题干中明确点出某个词语或句子，并出现"意蕴""含义""寓意""内涵"等关键词，要求谈谈理解或者探究分析，即可判定题目为词句含义题。

端独家 答题要点

一、词语含义题

对于词语含义题，要从"表层义""深层义""情感义"三个层次进行回答。（速记口诀：表深情）

（一）表层义

答出词语本身的含义，点明词语本身的特点和性质。

（二）深层义

将词语代回原文，答出词语在语境中的深层含义。注意：词性不同，思考重点也有所不同。

（1）如果是名词或代词，重点思考内涵、指代。

（2）如果是动词或形容词，重点思考原因、效果。

（3）如果使用了手法，注意点明手法。

（三）情感义

分析词语体现的文章情感、主旨。

端独家 答题模板

……（词语），本义是……。在文中指的是……，或在文中用来描写……，或在文中用来表现……。运用了……（手法），……（效果）地表达了……的情感。

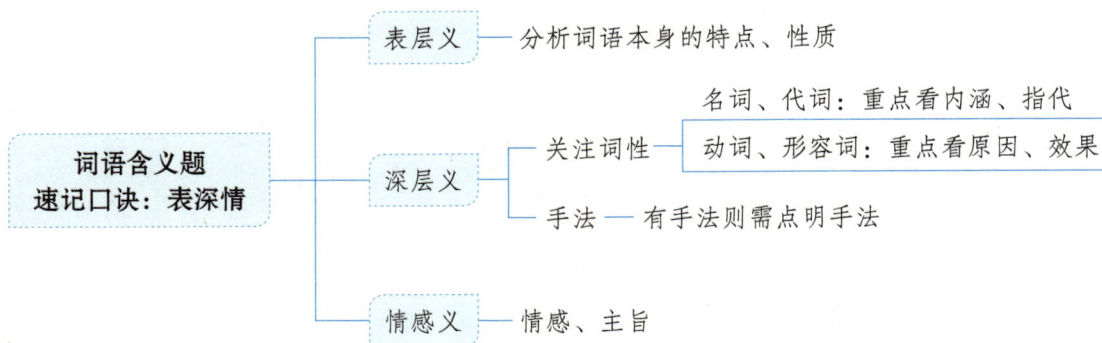

词语含义题
速记口诀：表深情

表层义 —— 分析词语本身的特点、性质

深层义 —— 关注词性

名词、代词：重点看内涵、指代

动词、形容词：重点看原因、效果

手法 —— 有手法则需点明手法

情感义 —— 情感、主旨

二、句子含义题

对于句子含义题，要从"找关键词""解关键词""串关键词""点明主旨"四个层次进行回答。（速记口诀：赵姐串店）

（一）找关键词

重点关注句子中的代词、难理解的词、运用手法的词、有文采的词。

（二）解关键词

结合词语含义题的答题方法，分析关键词的本身义和语境义。

（三）串关键词

将关键词代回原句，重新串联句意，注意分析手法。

（四）点明主旨

句子含义题往往与情感、主旨有关，所以要点明情感、主旨。

端独家 答题模板

"……（词语）"意为……（本身义），在文中指……（语境义）；"……（词语）"意为……（本身义），在文中指……（语境义）。此句写的是……（内容概括），突出了……的特征，运用了……（手法），……（效果）地表达了……（情感）。

找关键词 —— 重点关注代词、难理解的词、运用手法的词、有文采的词

解关键词 —— 分析关键词的本身义、语境义

句子含义题
速记口诀：赵姐串店

串关键词 —— 将关键词代回原句，重新组织和表达原句
原句若运用手法，则需点明手法

点明主旨 —— 情感、主旨

端优选 典型例题

（2017年全国Ⅱ卷）阅读文章，回答问题。

窗子以外

林徽因

①话从哪里说起？等到你要说话，什么话都是那样渺茫地找不到个源头。

②此刻，就在我眼帘底下坐着，是四个乡下人的背影：一个头上包着黯黑的白布，两个褪色的蓝布，又一个光头。他们支起膝盖，半蹲半坐的，在溪沿的短墙上休息。每人手里一件简单的东西：一个是白木棒，一个篮子，那两个在树荫底下我看不清楚。无疑地他们已经走了许多路，再过一刻，抽完一筒旱烟以后，是还要走许多路的。兰花烟的香味频频随着微风，袭到我官觉上来，模糊中还有几段山西梆子的声调，虽然他们坐的地方是在我廊子的铁纱窗以外。

③永远是窗子以外，不是铁纱窗就是玻璃窗，总而言之，窗子以外！

④所有的活动的颜色、声音、生的滋味，全在那里的，你并不是不能看到，只不过是永远地在你窗子以外罢了。多少百里的平原土地，多少区域的起伏的山峦，昨天由窗子外映进你的眼帘，那是多少生命日夜在活动着的所在；每一根青的什么麦黍，都有人流过汗；每一粒黄的什么米粟，都有人吃去；其间还有的是周折，是热闹，是紧张！可是你则并不一定能看见，因为那所有的周折、热闹、紧张，全都在你窗子以外展演着。

⑤在家里吧，你坐在书房里，窗子以外的景物本就有限。那里两树马缨，几棵丁香；榆叶梅横出疯权的一大枝；海棠因为缺乏阳光，每年只开个两三朵——叶子上满是虫蚁吃的创痕，还卷着一点儿焦黄的边；廊子幽秀地开着扇子式，六边形的格子窗，透过外院的日光，外院的杂音。什么送煤的来了，偶然你看到一个两个被煤炭染成黔黑的脸；什么米送到了，一个人揹着一大口袋在背上，慢慢踱过屏门；还有自来水、电灯、电话公司

来收账的，胸口斜挂着皮口袋，手里推着一辆自行车；更有时厨子来个朋友了，满脸的笑容，"好呀，好呀！"地走进门房；什么赵妈的丈夫来拿钱了，那是每月一号一点儿都不差的，早来了你就听到两个人唧唧哝哝争吵的声浪。那里不是没有颜色、声音、生的一切活动，只是他们和你总隔个窗子，——扇子式的，六边形的，纱的，玻璃的！

⑥你气闷了，把笔一搁说，这叫作什么生活！检点行装说，走了，走了，这沉闷没有生气的生活，实在受不了，我要换个样子过活去。健康的旅行既可以看看山水古刹的名胜，又可以知道点内地淳朴的人情风俗。走了，走了，天气还不算太坏，就是走他一个月六礼拜也是值得的。

⑦没想到不管你走到哪里，你永远免不了坐在窗子以内的。不错，许多时髦的学者常常骄傲地带上"考察"的神气，架上科学的眼镜，偶然走到哪里一个陌生的地方瞭望，但那无形中的窗子是仍然存在的。不信，你检查他们的行李，有谁不带着罐头食品、帆布床，以及别的证明你还在你窗子以内的种种零星用品，你再摸一摸他们的皮包，那里短不了有些钞票；一到一个地方，你有的是一个提梁的小小世界。不管你的窗子朝向哪里望，所看到的多半则仍是在你窗子以外，隔层玻璃，或是铁纱！隐隐约约你看到一些颜色，听到一些声音，如果你私下满足了，那也没有什么，只是千万别高兴起来说什么接触了，认识了若干事物人情，天知道那是罪过！

（有删改）

问：结合全文，说明文中"窗子"的含义。

端子曰 名师解析

这是一道非常典型的词语含义题。答题时注意从"表层义""深层义""情感义"三个层次进行。

表层义："窗子"就是窗户，它的特点是阻隔了窗内和窗外，但同时它又连接窗内和窗外，透过窗子，我们可以看到外面，却无法触碰到外面。

深层义："窗子"既是具体的窗子，又是无形的窗子。

情感义：窗子成为人与世界交流沟通的阻碍，要打开窗子，去拥抱窗外的世界。

参考答案

①指具体的窗子，如铁纱窗、玻璃窗，分隔不同的生活场景。

②指"无形的窗子"，即心态与观念的限制，使自我与外部世界产生隔阂。

阅读文章，回答问题。

暮雨乡愁

张清华

①一个人在外面待得久了，方知古人在诗歌里所写的那些思乡的愁绪，并非尽是强说的装点之辞。海德堡冬日的白昼格外短促，刚刚还是中午，一转眼就到了黄昏，薄暮乍起。涅卡河边的那些柳树在冷风中瑟缩着它们的枝条，几天前还挂满了深黄的枯叶，而今已如此寥落寒碜；还有那些枝条如乱箭般高插云霄的杨树，在冬日的天空下也显得格外苍凉凄楚。这些带着东方色彩的草木，似乎特别能够勾起人思乡的情怀。还有河边的那群大雁，它们散乱在草地上，整理着羽毛，在风中发着呱呱的悲鸣，看样子这个冬天它们是不准备离开这里了。天空中开始飘起蒙蒙细雨——更准确地说是那种像雾像雨又像风的东西，一切都是湿漉漉的。景物深沉而斑驳起来，天空愈加阴郁低沉，湿云仿佛是贴地而行，而归宿的乌鸦，则互相追逐、鼓噪着，用大片的蔽空的乌黑翅翼，加深着暮色中苍凉的气息。

②眼前的这一切明明是典型的中国式的、在那么多古典诗词里被反复吟咏描画过的意境，而今却原封不动地搬到了迢迢万里的西洋夷域，怎不让人生出人面桃花、物是人非的莫名心绪。

③人们总是把乡愁简单地理解为对家的依恋或对故地的追忆，其实这样的理解未免太褊狭具体了，我此刻体会出了那种滋味，并非那么简单。事实上乡愁是一种真正的绝望，一种生命里同来俱在的愁思；乡愁不是空间的，而是时间的，它的方向是遥远的过去；乡愁不是恋物，而是自恋，它所牵挂的不是那片事实上常常显得很抽象的祖居之地，而是悲悼自己的生命与韶光。古往今来的那么多思乡的诗篇，细细想来，原都是对自我的悲怜："昔我往矣，杨柳依依，今我来思，雨雪霏霏。"歌者哀叹的是岁月的逝水对自己无情的抛掷。

④海德格尔说，"故乡处于大地的中央"，看起来这是一个空间的理念，但细想这故乡仍不过是指人长大的地方，因为那里印下了稚儿的足迹，他生命中最初和最

美的部分抛洒在了那里——生命的家宅，记忆的归宿。稚儿离开了那里，是因为童年那美好的时光已挥手远去，他已踏上被命运抛离的注定远游他乡的不归途！这真真正正是永世的分离，便"是去年今日此门中，人面桃花相映红"的情景，一旦你回来追寻，也早已是"上穷碧落下黄泉，两处茫茫皆不见"的伤心之地。

⑤我想象那位初唐的诗人，在登上幽州古台时的悲叹："前不见古人，后不见来者。念天地之悠悠，独怆然而涕下。"原曾觉得他的悲号未免有些夸张，但今想来，那命运对每个生为凡胎的肉身不过就是这样设定，"人生代代无穷已，江月年年望相似"。任凭你把酒问青天，悲呼浩叹，天道总不会屈就人道，肯给你些许丝毫的通融怜悯。因了这个宿命，中国的诗人骚客们，自汉以后便都变成了唯美的感伤主义者，他们是文人，但同时又是诗哲，我想中国的文学中之所以有一个很特殊很强烈的乡愁的传统，恐与这种生命本体论的哲学，和他们悲剧论的人生观念不无关系。

⑥但感伤主义并不见得就是只懂得颓伤，如果对生命的深在有所洞悉的话，感伤当然也包含了真正的彻悟和坚强；因为一切并未缘此而中辍，生生不息，代代相接。因了那永远的乡愁，他们去做那不断的远游，因为真正的故乡是没有人能够返回去的。你看见了苍茫的来路，但循着那布满荆棘的路途回去时，看到的无非是一个愁字，就像鲁迅在他的小说里描绘的一样，你看到的是变了的一切，而别人看到的则是变了的你。月光下的故事已然变成了永久的追忆，童年时的伙伴促膝而坐也如不曾相识。这就是故乡——鲁迅小说中的诗。没有人像他那样明白，即便是置身于故地和亲人中间，也仍有一种命定的深深的孤独。更不要说在那脉脉温情之外，还布满着温柔的陷阱；在那缱绻的话语中间，也还响着令人心寒的弦外之音。亲情和爱在那里相迎，仇恨和刻毒也定然已经久候。就如那日与友人所谈起的思乡话题，开始时都不免有些许的激动，各个争相夸耀自己的城市和那一方的风物人情。可一想到终究要回到那些烦心的钩心斗角与倾轧之中，回到那种种莫名其妙的关心与掣肘，还有那少不了专横和欺瞒的压抑之中时，那心便直凉得寒气四溢。

⑦然而这也终究改不了那份执着又强烈的向往与追怀。你知道，那些忧愤与不平，实际上早已经与那份情感的执拗断了关系，你是一个彻头彻尾的无可救药者，纵然那故地已是泥泞的陷阱和煎熬的火坑，你也跳定了。

⑧暮雨中思乡的旅人啊，故乡正离你越来越近，也离你越来越远

（选自散文集《海德堡笔记》，有删改）

问：结合文本，谈谈你对"暮雨中思乡的旅人啊，故乡正离你越来越近，也离你越来越远"的理解。

端子曰 名师解析

这是一道句子含义理解题。答题时，注意从"找关键词""解关键词""串关键词""点明主旨"四个层次进行。

找关键词：旅人、越来越近、越来越远。

解关键词："旅人"的本义是"羁旅在外的人"，根据原文可以得知，"旅人"也代表每一个走在人生旅途中的人。"越来越近""越来越远"的本义分别是空间上的变近和变远。"越来越近"还指心灵的靠近，对故乡的怀恋与追忆。"越来越远"还指心灵的变远，指的是无法回归从前。

串关键词：每一个走在人生路上的人，都渴望回到过去的生活，回归过去的自己，却发现无法回头，无法回到过去。

点明主旨：每个人都渴望回到精神的"故乡"，却无法实现，内心充满悲叹。人要坚定地前进，走完自己的人生道路。

参考答案

①"旅人"既指旅行在外的人，也象征每个走在人生路上的人。

②旅行在外的人旅途越行越远，其对家的依恋或对故地的追忆就会越来越强烈。

③每一个走在人生路上的人，随着时间的推移，距离自己曾经的美好生活越来越远，而且无法回头。

④但他会心怀释然，坚定地在人生路上继续前行，直至走完自己的人生道路。

端演练 综合练习

阅读文章，回答问题。

那些遥远的读书人

洪 烛

①坐飞机去长沙，然后乘车去湖南大学，在校门口，我让出租车停下；明明知道离岳麓书院尚有一段距离，但还是选择了步行。我下意识地联想到那些古老的先行者，他们是搭乘怎样的交通工具，带着怎样的心情，投奔这座藏在深山里的学府。是乘着牛车还是骑马？至于出身贫寒的，远足而来时，恐怕还要亲自挑着装书卷和铺盖卷的扁担。据说南宋的朱熹千里迢迢自福建崇安来此讲学，从四面八方赶来听课的人不计其数，马匹将大门外池塘里的水都喝光了，留下了"饮马池"的典故。是什么，在吸引着那些遥远的读书人，像扑火的灯蛾一样云集而来？应该是梦想。是梦想在吸引着他们，来自世俗而又超越世俗。岳麓书院，一个凝聚了读书人梦想的地方。

②当我敲响岳麓书院的门环，尽可能地想象自己是一千年前的读书人……一千年来，从这里走出过王夫之、魏源、曾国藩、左宗棠、郭嵩焘、谭嗣同、梁启超、黄遵宪、蔡锷、陈天华……他们从这里直接走进了史册。

③我在后花园里选择一副石桌石凳坐下，观望着周围的风景，并陷入无序的遐想：若干年前，肯定有一拨又一拨读书人，在这石凳上坐过，要么各自背诵经史典籍，要么意气风发地谈论家事、国事……于是我不仅听见了风声、雨声，还听见了若隐若现的读书声。如果说这是幻听，也是最真实的幻听了。读书声，毫无疑问是岳麓书院的主旋律。况且，岳麓书院的读书声，绝不仅仅是个体的噪音，而是一个集体共同发出的可以超越时空的声音。

④在这里，我从花香里闻到了书香，从风声里听见了读书声。我尽可能地沉浸于这在别处寻觅不到的儒雅氛围里，呼吸着那些读书人遗留下的空气……即使是一个人坐着，我似乎也并不孤独。那些遥远的读书人，离我并不遥远。他们的理想、信仰，说不定正遗传在你我的身上。没准我就是他们的影子……

⑤以前想起古代读书人，头脑中总出现《聊斋志异》里落魄书生的形象：神情忧郁，身世漂泊，形单影只，离群索居。寄宿于一灯如豆的野店荒庙，只能靠梦见狐仙来慰藉一番走投无路的寂寥。蒲松龄本人就是如此。他屡试不中，被现实拒绝，才拒绝现实，在空中楼阁里想入非非，以弥补或掩饰精神上的失落。

⑥然而在岳麓书院，我看见了另一种和现实合拍的读书人。他们胸怀远志，充满自信，对待自己和对待社会都非常清醒，一开始就抱准了"学以致用"的信条……脚下呈现着一条金光大道。

⑦我说不清自己更欣赏哪种读书人……

⑧应该说，读书人都是怀着种种理想的。理想不能实现，就会痛苦与失落。而书院不仅使这些敏感脆弱的心灵找到新的家，还为他们提供了实现人生理想的捷径。"惟楚有才，于斯为盛"，荆楚之地之所以英才荟萃，湖湘文化之所以源远流长，不能不说有岳麓书院的功。

⑨自唐宋以来，岳麓书院的院长都叫作山长。这浪漫的称谓，使书院带有山林的意味。北宋时，岳麓书院就因当时的山长周式治学有方而闻名遐迩，真宗皇帝特意召见了周式，拜为国子监主簿，把他留在京城讲学做官；而周式坚辞不受，执意要回岳麓山跟学生在一起……他真是一位很纯粹的教书先生。

⑩岳麓书院里的白泉轩，还曾记载着两位大学者的友谊。那一年，应岳麓主教张栻的盛情相邀，朱熹远道而来，两人在此朝夕相处，促膝谈心达三昼夜。他们谈论的具体话题肯定多是一些做学问方面的事。那次朱熹在长沙停留了两个月，与张栻会讲岳麓，吸引了一千多位从全国各地赶来的听众，连讲堂外面的院落都挤满了人。至今在讲堂正中高约1米的长方形讲坛，还供奉着两把空空的椅子，作为对著名的"朱张会讲"的纪念。

⑪我绕着这神圣的讲坛转了一圈，仿佛又看见那些消失了的读书人。他们都从哪里来，又去了哪里？他们朗读或辩论的声音，又重新演变成窗外的风声与雨声。哦，讲堂很大，世界很小！那些面貌相仿、神情专注的读书人，也许仅仅是世界的过客，可他们永远都是岳麓书院里的主人。

⑫作为一个当代的读书人，我虽然是第一次拜访岳麓书院，仍然有回家的感觉。是的，这里是读书人的家啊。没有家的读书人是孤独的。

（有删改）

问：文中第④段中说 "那些遥远的读书人，离我并不遥远"，如何理解这句话的含义？

参考答案

①岳麓书院的读书人从时空上和"我"相距遥远。

②"我"能够理解他们的理想和信仰，所以从心理距离上"并不遥远"。

（2023年北京卷）阅读文章，回答问题。

黄姚酿

周晓枫

①不错，又是古镇。

②但这是不一样的黄姚。

③许多地方有古镇，媒体已就此探讨同质化的问题。然而，作为古镇的黄姚，并非复制的赝品、复述的往事……它是活的，从未丧失自己的呼吸和心跳。

④在入口处，我就被震撼，仿佛看到黄姚的心脏。那是一棵巨大而古老的榕树。通常，榕树的气根向下垂挂，服从着地心引力和生长规律；而这棵巨榕整体倾斜，枝干依然参天，尤其是气根呈放射状铺张，沉重、繁密而交错，如虬结着的粗大血管。如果你观察过孵化中的蛋卵，就会发现，最先发育的是心脏，然后从心脏里长出枝枝蔓蔓的血管，如同树枝，布满蛋膜。黄姚的这棵巨榕，气根如血管般蓬勃有力，又保持着内在的通畅，仿佛为整个古镇输送着养分和力量。

⑤为什么命名为"黄姚"？史料并无确凿记载。说法数种，基本认同与黄、姚的姓氏相关。光阴流转，古镇早就不是两个户族，许多宗族在此落地生根，修建祠堂。宗祠也如同心脏，溯流而上血缘意义的心脏，由此，宗族后代得以生生不息。即使这里地处偏远，甚至曾是荒川野岭，但踏山渡水的祖辈们终于在此停下脚步……从此，灶火不熄。

⑥古镇不大，街巷也窄，但取景框里处处是风景。方寸之间，明清古建筑就有三百多座，有许多老屋、石桥、庙祠、亭台和匾额。假如从空中俯瞰，黄姚的檐顶覆瓦如鳞，那些瓦片显得薄而服帖；黄姚的街巷细窄，如鱼背上的脊线。每一户人家，都是这小镇一片既坚硬又柔软的鳞，游过如水岁月。当垂挂的灯笼，映在夜色中湿黑的路面上，朦胧中，就像锦鲤般的光影，我想，走在上面的人，是不是能在梦中骑跃龙门？其实，整个黄姚古镇就如一条千年之鲤，根本无须飞跃，它已如龙，具有神话中的不朽之力。

⑦生活在黄姚，是神话般的日子，也是家常的日子。

⑧这里有许多商铺客栈和茶舍酒庄，沿街闲逛，感觉瓶瓶罐罐特别多，都跟零食铺或药铺似的。细看，多为酱制品和腌菜。酱的主角，当然是黄姚有名的豆豉，佐以辣椒、香菇、牛肉等调成各种口味。腌菜用宽口瓦罐盛纳，盖着通透的玻璃盖子，里面是木瓜丝、小河鱼等。有酿制的各种果脯，从土乌梅到小黑橘，还有甘草柠檬。因

为山峰众多，这里盛产野果，用来酿酒。黄姚的酒庄里花花绿绿，琳琅满目。除了常见的桂花酒、玫瑰酒、葡萄酒，还有不算特别常见的捻子酒、金樱子酒、万寿果酒、诺尼果酒。黄姚的气候和水土容易让身体湿寒，当地居民早已得出生活经验，辣椒热汤、果酒药饮都可用于祛湿驱寒。他们利用这片土地的恩赐，运用自己的智慧和耐心，酿制生活的别样味道。这里有艾糍粑、糯米粽、葛根酥。有炖肉的农家菜干、润肺的罗汉果、熬汤的鸡骨草和五指毛桃。菜肴也有特点，有两道我记忆深刻——豆腐酿和南瓜花酿，主材和汤汁都味美。

⑨这里的生活，有古风古韵，又率性从容。所以我说，黄姚不是仅仅展示给游客的博物馆，这座小镇有着古典的诗意——但它始终是活的，有自己的心脏、血脉和呼吸。刚才坐在台阶上掐豆角的汉子，除尽荚丝，端着菜盆回屋，只剩提环在有着纵裂纹的木门上微微晃动；当街剥笋的妇人，闲闲地聊着天，手底下像从冷紫色的鞘里剥出一把把新剑；前来写生的素描少年，勾勒线稿，没有忘记那些勾勒石缝的苔痕。没有大喇叭的喧响，没有喋喋不休的噪声，即使商家推荐食物，也是平静地递过来邀你品尝。夜色之中的黄姚，更是宁静。千百年来，黄姚一如既往，在我们看来是写意的生活，其实从古至今都是写实的生活。

⑩真正活着的古镇，一定既是时间的杰作，也是人类的创造。

⑪我想起那些工匠，想到他们手里传承的技艺。比如，雕。黄姚有砖雕、木雕、根雕、石雕、竹雕等，在一块看似平凡的器物上，他们愿意为美花费大量的时间。手在砖上粗糙，眼在石上昏花，整个的生命都在削刻凿砍上——而雕，是动作里最为克制和温柔的，由此使花鸟诞生，并且花瓣永不败谢，翅膀永不降落。雕是对砖石的温柔，绣是对织物的温柔，都是对美的怜惜；雕是耐心，绣是耐心，酿也是耐心，都是人和时间一起创造的魔法。

⑫是的，除了酿菜酿酒，黄姚这座古镇也像岁月酿制的果实。在微雨中漫游，感觉黄姚就像雨滴一样古老，也像雨滴一样清新，它是用最干净的雨水酿制而成的。黄姚以酱腌闻名，但这并不矛盾——恰恰相反，只有在最清洁的环境里才能酿制，才能无惧运用酱腌手段，把食物变成诱人的美味，而毫无浊气和混沌；才能让一切远离朽坏，才能在沉淀中，抵抗时间的侵蚀，散发自身的醇香与光泽。

（取材于周晓枫的同名散文，有删改）

问："酿"字在文中反复出现，请结合文章内容，分析标题"黄姚酿"包含了哪几层涵义。

参考答案

浅层含义：指黄姚酿制的各种果脯和酒等，表明黄姚物产丰富、独特。

深层含义：指黄姚人利用土地的恩赐，运用智慧和耐心，酿制出的美好生活。

深层含义：指黄姚没有被商业气息污染，保留了最干净、清洁的环境，最自然、原始、真实的生活状态，是岁月和黄姚人共同酿制的最饱满的果实。

第三章　文学类文本经典题型

　　散文和小说之中有很多题型是通用考查，不做区分的，因而我们也可以通用地学习。故而本章的答题方法可以应用于散文，也可应用于小说。

　　本章为文学类文本经典题型，共5节：文学类文本结构作用题、文学类文本线索设置题、文学类文本情感表达题、文学类文本语言赏析题、文学类文本句段赏析题。包括10种题型：标题作用题、开头作用题、中间段落作用题、结尾作用题、线索判定题、线索作用题、情感主旨概括题、情感主旨表达题、语言风格赏析题、句段赏析题。

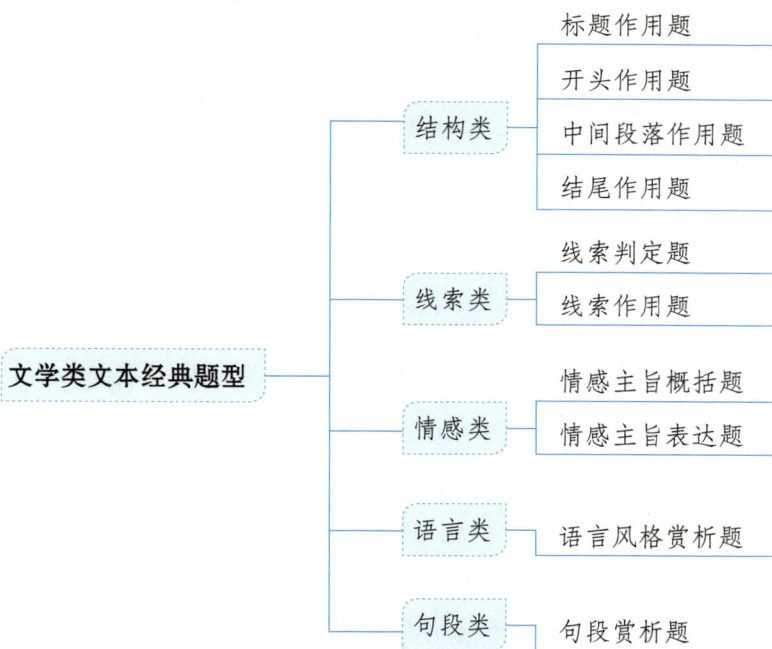

```
                                    ┌─ 标题作用题
                                    ├─ 开头作用题
                        ┌─ 结构类 ──┤
                        │           ├─ 中间段落作用题
                        │           └─ 结尾作用题
                        │
                        │           ┌─ 线索判定题
                        ├─ 线索类 ──┤
                        │           └─ 线索作用题
文学类文本经典题型 ─────┤
                        │           ┌─ 情感主旨概括题
                        ├─ 情感类 ──┤
                        │           └─ 情感主旨表达题
                        │
                        ├─ 语言类 ──── 语言风格赏析题
                        │
                        └─ 句段类 ──── 句段赏析题
```

第一节　文学类文本结构作用题

端子曰　题型辨别

一、题干示例

（1）文章标题有何作用？

（2）文章以"……"为题有何好处？

（3）文章首段有何作用？

（4）文章开头对"……"的描写有什么作用？

（5）文中第×段有何作用？

（6）文中对"……"的描写有何作用？

（7）文章最后一段有何作用？

（8）文章末尾关于"……"的描写有何作用？

二、题干总结

题干中点出"标题""开头""中间段落""结尾"，或某个段落的具体内容，并要求分析其"作用""好处""功能"等，即可判定题目为结构作用题。

端独家　答题要点

对于结构作用题，整体答题需要关注"内容""结构""情感""效果"四大方面。当然，主语处于不同的位置，也会有不同的作用。

一、标题的作用——背、对、内、情、照、线、悬

"背"为"背景"，"对"为"对象"，"内"为"内容"，"情"为"情感"，"照"为"照应"，"线"为"线索"，"悬"为"悬念"。其中，"背""对""内"是从"内容"角度回答，"情"是从"情感"角度回答，"照""线"是从"结构"角度回答，"悬"是从"效果"角度回答。

（1）交代背景环境：交代……的时间、地点，创设……的环境背景，渲染……的环境气氛。

（2）点明写作对象：点明写作对象，表明人物性格、情感与态度。

（3）概括文章内容：概括文章主要内容（往往是高度概括人物与事件）。

（4）点明或暗示情感主旨：点明……中心，揭示……主旨。

（5）照应文本内容：照应……内容，呼应开头或结尾……内容。

（6）作为文章线索：是全文的线索，贯穿全文，使文章结构严谨紧凑。

（7）设置悬念：发人深思，引起读者的兴趣和对……的思考。

二、开头的作用——背、对、统、引、照、悬、然、情

"背"为"背景"，"对"为"对象"，"统"为"统领"，"引"为"引出"，"照"为"照应"，"悬"为"悬念"，"然"为"自然"，"情"为"情感"。

其中，"背""对"是从"内容"角度回答，"统""引""照"是从"结构"角度回答，"悬""然"是从"效果"角度回答，"情"是从"情感"角度回答。

（1）交代背景，渲染气氛。

（2）点明对象，凸显特征。

（3）统领全文，总述文本。

（4）引出下文，做下铺垫。

（5）照应标题，前后呼应。

（6）设置悬念，引起兴趣。

（7）行文自然，切入顺畅。

（8）表现情感，奠定基调。

> 解答结构作用题时，不要忘记先概括文段本身内容，再答出相关作用。

三、间段的作用——承上、启下、承上启下

"承上"是对前文的作用，"启下"是对后文的作用，"承上启下"是对前后文的衔接作用。

（1）承上启下的过渡作用。

（2）引出下文的铺垫作用。

（3）呼应上文的照应作用。

四、结尾的作用——总、照、升、留

"总"是"总结"，"照"是"照应"，"升"是"升华"，"留"是"留

白"。

其中，"总""照"是从"结构"角度回答，"升"是从"情感"角度回答，"留"是从"效果"角度回答。

（1）总结全文，收束文章。

（2）照应前文，首尾呼应。

（3）升华情感，深化主旨。

（4）留白留念，留人思考。

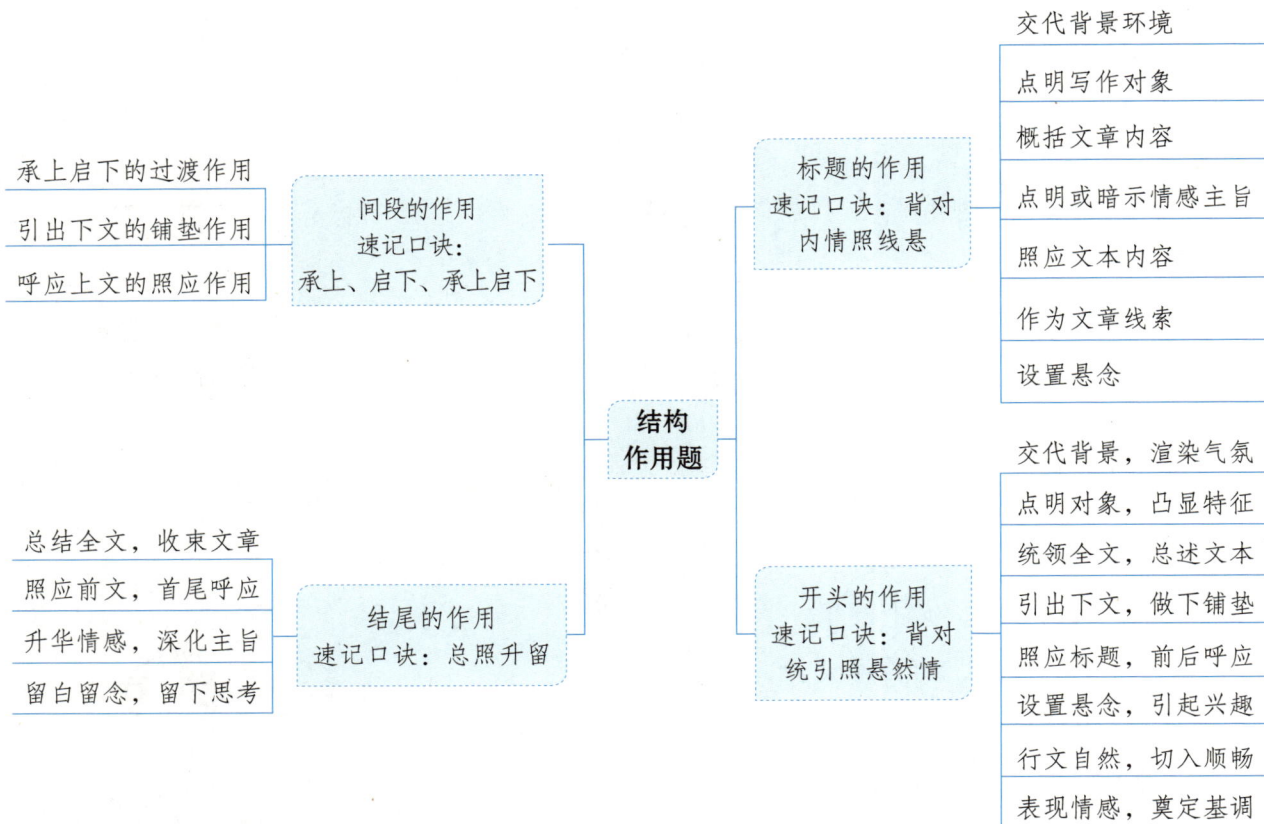

 **典型例题**

（2022年全国Ⅱ卷）阅读文章，回答问题。

到橘子林去

李广田

①小孩子的记忆力真是特别好，尤其是关于她特别有兴趣的事情，她总会牢牢地记着，到了适当的机会她就会把过去的事来问你，提醒你。

②"爸爸，你领我去看橘子林吧，橘子熟了，满树上是金黄的橘子。"

③今天，小岫忽然向我这样说，我稍稍迟疑了一会儿，还不等回她，她就又抢着

说了："你看，今天是晴天，橘子一定都熟了，爸爸说过领我去看的。"

④我这才想起来了，那是很多天以前的事情，我曾领她到西郊去。那里满坑满谷都是橘子，但那时橘子还是绿的，她并不觉得好玩，只是说："这些橘子几时才能熟呢？"

⑤"等着吧，等橘子熟了，等一个晴天的日子，我就领你来看看了。"这地方阴雨的日子真是太多，偶然有一次晴天，就令人觉得非常稀罕，简直觉得这一日不能随便放过。小孩子对于这一点也该是敏感的，于是她就这样问我了。去吗？那当然是要去，并不是为了那一言的然诺，却是为了这一股子好兴致。

⑥我们走到了大街上。今天，真是一切都明亮了起来，活跃了起来。石头道上的水洼子被阳光照着，像一面面的镜子；女人头上的金属饰物随着她们的脚步一明一灭；挑煤炭的出了满头大汗，脱了帽子，就冒出一大片蒸气，而汗水被阳光照得一闪一闪的。天空自然是蓝的了，一个小孩子仰脸看天，也许是看一只鸽子，两行小牙齿放着白光，真是好看。小岫自然是更高兴的，别人的高兴就会使她高兴，别人的笑声就会引起她的笑声。可是她可并没有像我一样关心到这些街头的景象。她毫没有驻足而稍事徘徊的意思，她的小手一直拉着我向前走，她心里一定是只想着到橘子林去。

⑦走出城，人家稀少了，景象也就更宽阔了，也听到好多地方的流水声了，看不到洗衣人，却听到洗衣人的杵击声，而那一片山，那红崖，那岩石的纹理，层层叠叠，甚至是方方正正的，仿佛是由人工所垒成，没有云，也没有雾，崖面上为太阳照出一种奇奇怪怪的颜色，真像一架金碧辉煌的屏风，还有瀑布，看起来像一丝丝银线一样在半山里飞溅。我看着眼前这些景物，虽然手里还握着一只温嫩的小胖手，我却几乎忘掉了我的小游伴。而她呢，她也并不扰乱我，我想，她不会关心到眼前这些景物的，她心里大概只想着到橘子林去。

⑧远远地看见一大片浓绿，我知道橘子林已经在望了，然而我们却忽然停了下来，不是我要停下来，而是她要停下来，眼前的一个故事把她吸引住了。

⑨是在一堆破烂茅屋的前面，两个赶大车的人在给一匹马修理蹄子。

⑩我认识他们，我只是认识他们是属于这一种职业的人，而且他们都是北方人，都是我的乡亲。他们时常叫我感到那样子的可亲近，可信任。他们把内地的货物运到边疆上出口，又把外边的货物运到内地，他们给抗战尽了不少的力量……他们两个正在忙着，他们一心一意地"对付"那匹马。你看，那匹马老老实实地站着，不必拴，

也不必笼，它的一对富有感情的眼睛几乎闭起来了。不但如此，我想这个好牲口，它一定心里在想："我的大哥给我修理蹄子，我们走的路太远了，慢慢地修吧，修好了，我们就上路。"慢慢地修，不错，他正在给你慢慢地修哩。他搬起一个蹄子来，先上下四周抚弄一下，再前后左右端详一番，然后就用了一把锐利的刀子在蹄子的周围修理着。我为那一匹牲口预感到一种飞扬的快乐……我这样想着，看着，看着，又想着，只是顷刻之间的事情，猛一惊醒，才知道小岫的手掌早已从我的掌握中脱开了，我低头一看，却正看见她把她的小手掌偷偷地抬起来注视了一下。她是在看她自己的小指甲。而且我也看见，她的小指甲是相当长的，也颇污秽了，每一个小指甲里都藏着一点儿黑色的东西。

⑪我不愿再提起到橘子林去的事，我知道小岫对眼前这件事看得入神了，我不愿用任何言语扰乱她，我看她将要看到什么时候为止。

⑫赶马车的人把那一只马蹄子修好了，然后又丁丁地钉着铁掌。钉完了铁掌，便把马蹄子放下了。那匹马把整个的身子抖擞了一下，我说那简直就是说一声谢谢，或者是故意调皮一下。然后，人和马，不，是人跟着马，可不是马跟着人，更不是人牵着马，都悠悠然地走了，走到那破烂的茅屋里去了。那茅屋门口挂一个大木牌，上边写着拙劣的大字："叙永骡车店"。有店就好了，我想，你们也可以少受一些风尘。

⑬"回家。"小岫很坚决地说，而且已经在向后转了。

⑭"回家告诉妈妈：马剪指甲，马不哭，马乖。"她拉着我向回路走。

⑮我心里笑了，我还是没有说什么，我只是跟着她向回路走。

⑯"我的手指甲也长了，回家叫妈妈剪指甲，我不哭，我也乖。"她这么说着，又自己看一看自己的小手。

⑰"对，回家剪指甲，你真乖，你比马还乖。"这次我是不能不说话了，我被她拉着，用相当急促的脚步走着。

⑱这时候，太阳已经向西天降落了，红崖的颜色更浓重了些，地上的影子也都扩大了。我们向城里走着，我们都沉默着，小岫不说话，我也不说话。"我不再去看橘子了。"她心里也许有这么一句话，也许并没有。

（有删改）

问："我"和小岫最终放弃去橘子林，本文却仍以《到橘子林去》为题，请简要谈谈你的理解。

端子曰 名师解析

这是一道变体的标题作用题。可以理解为，标题"到橘子林去"有何好处。

结构上："到橘子林去"是全文的线索，小岫要去橘子林引出父女二人在路上的所见所感，先是交代孩子要去橘子林，然后写一路所见的街道上的人，以及自然美景，后来重点写两人看赶车人钉马蹄的事情。

情感上：由"我认识他们，我只是认识他们是属于这一种职业的人，而且他们都是北方人，都是我的乡亲。他们时常叫我感到那样子的可亲近，可信任。他们把内地的货物运到边疆上出口，又把外边的货物运到内地，他们给抗战尽了不少的力量"可知，在"到橘子林去"的路上，"我"和小岫的情感发生了变化，"我"和小岫最终感受到了劳动人民的伟大力量。

参考答案

①结构上："到橘子林去"是全文的线索，小岫要去橘子林引出父女二人在路上的所见所感。

②感情上：在"到橘子林去"的路上，"我"和小岫的情感发生了变化，"我"和小岫最终感受到了劳动人民的伟大力量。

端演练 综合练习

阅读文章，回答问题。

不忍的句号

迟子建

①一个幅员辽阔的国家，春光注定是参差不齐的。三月，我离开故乡时，它还是一世界的白雪，可是到了广东，花间已是落英缤纷了。一个似晴非晴的日子，我来到了南海丹灶镇的苏村，拜谒康有为故居。

②一入苏村，看到的是一幅安恬的乡村生活图景：青砖的民居旁蜷着打盹儿的狗，荷花在水塘里静悄悄地开。挎着菜篮的妇女缓缓地通过石桥，耕牛在树下休憩，这一切，似乎都与我心目中康有为出生地的情景大相径庭，它是那么的和风细雨、欣欣向荣，没有丝毫的荒凉之气、沧桑之气。青少年时代生活在这里的康有为，其心中

日益积聚的政治"风暴"，缘何而来？

③我对康有为的了解，基本限于历史教科书上的"定义"，至于他个人的内心经历，不甚了了。看过康有为故居，我很想走近他，了解他。

④康有为发蒙读书时，萦绕耳际的除了诵读"四书五经"的声音，还有异乡战事中兵戈相击的声音。这一"士"风与另一"仕"风的交汇，影响了康有为的人生，他日后心中积累的政治风暴，与这两股风的吹拂有关。

⑤当时的中国，内忧外困，他痛恨朝野的"不作为"和软弱，痛恨洋人蚕食祖国的疆土。这不安和愤懑压迫着他，难以解脱。康有为似乎迷途了，他一度遁入风景秀丽的西樵山。康有为的西樵山静坐，其实是想把自己幻化为一支可以照亮人生的蜡烛，这样他面对沉重的黑暗时，内心会有勇气。康有为走出西樵山时，开始了更广博的读书，他的阅读不仅仅局限于历史、文学方面，还扩展到自然科学上。同时，他还对西学产生了浓厚的兴趣。西学的科学民主与人道精神的渗透，与中国传统的儒学思想的滋养，使康有为视野开阔起来，他恍然觉得"道"已在心中。

⑥一八八八年，康有为离开故乡，向着京师北行，开始了他维新变法的旅程。然而，康有为是乘兴而来，败兴而归。

⑦康有为活了七十岁，但他的生命，在戊戌年他四十一岁时，已然终结。尽管其后他在印度撰写了《大同书》，但他身上的勇气和锐气，在戊戌年后，已不复存在。康有为曾请人在一枚印章上刻下了这样的文字："维新百日，出亡十六年，三周大地，游遍四洲，经三十一国，行六十万里。"可惜这些"眼界"并没有让他变得开阔和深刻，他在归来后反对的是孙中山领导的国民革命，支持和参与的是张勋复辟。直到他去世的那一年，他还赴天津，为溥仪祝寿。但康有为还是了不起的，"公车上书"和"百日维新"，使他成为中国近代思想启蒙运动的鼻祖，成为个性解放的先驱。

⑧读过关于他的一些文字，我在四月份来到青岛。广东的春天过去了，但青岛的春天正在高潮，桃花点点红，樱花簇簇白。我去了康有为在福山路最后的寓所，门厅里摆放着一幅徐悲鸿先生画的康有为的肖像，他白发苍苍，目光温和，但这温和中却掩饰不住茫然。他嘴角微蹙，似在咀嚼着荣辱和苍凉。他坐在那里，坐在四月的微风中，看着来来往往的人。我想，以他不羁的性情，他并不喜欢坐在画框中。在他心中，那也是一种"牢"吧。

⑨康有为的墓地，在浮山脚下，朝向大海。拜谒他墓地的那天，是个晴好的日子。本该是万木葱茏的时节，可墓地却衰草萋萋。他的墓是圆形的，青白色。远远看

去，像是一个句号。康有为就躺在这个句号中。康有为五十六岁时，曾创办了《不忍》杂志。我想他一生最不忍的，大概就是这个句号。在广东南海的苏村，我看到的是康有为的起点，而在青岛，我看到的却是他的终点。他的起点到终点，曲曲折折，波澜壮阔。

⑩康有为离开这个世界，整整八十年了。他墓地面前的大海，已不是一览无余的海了。近年来迅速兴起的海景高层住宅，正逐渐地分割着他视野中的海。大海破碎了。不过康有为见过的海多了，见过的破碎的山河也多了，他不会介意的。更何况，不管大海怎样被遮挡住，那海水在风暴来临时的惊涛拍岸之声，他仍能深切地感受到。康有为最爱的，不正是这样的声音吗？

（摘自迟子建《云烟过客》，有删改）

问：文章以《不忍的句号》为题，有什么作用？请结合全文分析。

参考答案

①"不忍"指康有为创立的杂志，"句号"指康有为的墓地形状。

②"不忍"借杂志名代指康有为一世，"句号"说明康有为生命的终结，"不忍的句号"寓指康有为一世的终结。

③"不忍"是不可以忍耐的意思，"句号"指康有为的结局，"不忍的句号"指康有为不可以忍耐这样冷清的结局。

④"不忍"是不忍心、不甘愿的意思，"不忍的句号"指康有为功业未成，不甘愿就这样离开人间。

（2023年全国甲卷）阅读文章，回答问题。

机械的诗

——旅途随笔之一

巴 金

①为了去看一个朋友，我做了一次新宁铁路上的旅客。三个朋友伴着我从会城到公益，我们在火车里大概坐了三个钟头。时间很长，天气很热，但是我并不觉得寂寞。

②南国的风物含有一种迷人的力量。在我的眼里一切都显出一种梦境般的美丽：那样茂盛的绿树，那样明亮的红土，那一块一块的稻田，那一堆一堆的房屋，还有明

镜似的河水，高耸的碉楼。南国的乡村，虽然这里面包含了不少的痛苦，但在表面上它们究竟是很平静，很美丽的！

③到了潭江，火车停住了。车轮没有动，而外面的景物却开始在慢慢地移动。这不是什么奇迹。这是新宁铁路中的一段最美丽的工程。这里没有桥，火车驶上了渡江的轮船，就停留在那上面，让轮船载着它慢慢地渡过江去。

④我下了车，把脚踏在坚实的铁板上。船身并不小，甲板上铺着铁轨，火车就躺在那上面喘气，左边有卖饮食的货摊，许多人围在那里谈笑。我一面走，一面看。我走过火车头面前，到了右边。船上有不少工人，朋友告诉我在这船上做工的人数目在一百以上。我似乎没有看见这许多。有些工人在抬铁链，有几个工人在管机械。在每一副机械的旁边至少站一个穿香云纱衫裤的工人。他们管理机械，指挥轮船向前进。

⑤看着这些站在机械旁边的工人的昂头自如的神情。我不禁从心底生出了感动。

⑥四周是平静的白水，远处有树有屋。江面很宽。在这样的背景里显出了管理机械的工人的雄姿。机械有规律地响着，火车趴在那里像一条被人制服了的猛蛇。

⑦我看着这一切，在我的心里开始发生了对于这些工人的羡慕。我感到了一种诗情。我仿佛读了一首真的诗。于是一种喜悦的、差不多使得我的心战抖的感情抓住了我。这机械的诗的动人的力量，比任何诗人的作品都要大得多。

⑧一般人以为只有"月夜""花朝""青山""绿水""爱情"一类的东西才是诗的材料，把诗人当作很sentimental（感伤的、多愁善感的）的人。其实他们完全不懂得诗。诗应该给人以创造的喜悦，诗应该散布生命。

⑨我不是诗人，我却相信真正的诗人一定认识机械的力量，机械工作的灵妙，机械运动的优雅，机械制造的完备。机械是创造的，生产的，完美的，有力的。只有机械的诗才能够给人以一种创造的喜悦。

⑩那些工人，那些管理机械，指挥轮船，把千百个人、许多辆列车载过潭江的工人，当他们站在铁板上面，机械旁边，一面管理机械，一面望那白茫茫的江面，看见轮船慢慢地逼近岸边的时候，他们心里的感觉，如果有人能够真实地写出来，一定是一首好诗。

⑪我在上海常常看见一些大厦的建筑。打桩的时候，许多人围在那里看。那有力的机械从高处把一根又高又粗的木桩打进土地里面去，一下，一下，声音和动作都是有规律的。它们继续下去，很快地就把木桩完全打进去了。四周的旁观者的脸上都浮

出了惊奇的微笑。土地是平的，木头完全埋在地底下了。这似乎是不可信的奇迹。机械完成了奇迹，给了每个人以一种喜悦。这种喜悦的感情，也就是诗的感情。我每次看见工人建筑房屋，就仿佛读一首好诗。

1933年6月10日，在广州

（有删改）

问：这篇随笔的最后一段跳转到作者在上海的生活见闻，这样写有什么好处？请结合文本简要分析。

参考答案

①这是联想，由轮船上的机器联想到上海的建筑所用的机器，二者都体现了机器的力量，具有相似性。

②拓展了文章的广度，丰富了文章的内容。

③由"我"一个人的喜悦，拓展到许多人的喜悦，表明了对机器力量的欣赏是普遍存在的，深化了文章的主题。

第二节 文学类文本线索设置题

端子曰 题型辨别

一、题干示例

（1）小说多次写到……有何作用？

（2）文章以……为线索，说说这样写的好处、作用、用意。

（3）小说一明一暗两条线索交互进行，这样安排具有怎样的效果？

二、题干总结

题干中直接要求分析线索的作用，或者直接要求分析明暗线索交织的效果，或者要求分析某个内容多次出现，或者要求分析某个贯穿全文的内容，即可判定题目为线索设置题。

端独家 答题要点

答题时，注意"找线索""析作用"两大答题方面。

一、找线索

找线索时，要注意五大方面：标题、物象、时空、情感、隐藏。（速记口诀：体香失控请隐藏）

（1）看标题：标题常常会揭示线索。

（2）看物象：文章中某一物若反复出现，则很可能就是线索。

（3）看时空：文章中直接出现表示时间变化、空间变化的内容，或者出现暗示时代变革、社会面貌变化的内容，很有可能就是时空作线索。

（4）看情感：感情色彩的改变，心理活动的变化。

（5）看隐藏：隐藏人物、隐藏情节往往会作为暗线索。

二、析作用

分析线索的作用时，注意从线索本身出发，分析其在结构上、情感上、效果上的作用。

注意不同类型的线索具有不同的作用。物象线索往往有象征功能和呼应人物的功能。情感线索往往有丰富人物形象和深化主旨的作用。时空线索往往有展示时空变换和打破时空的作用。

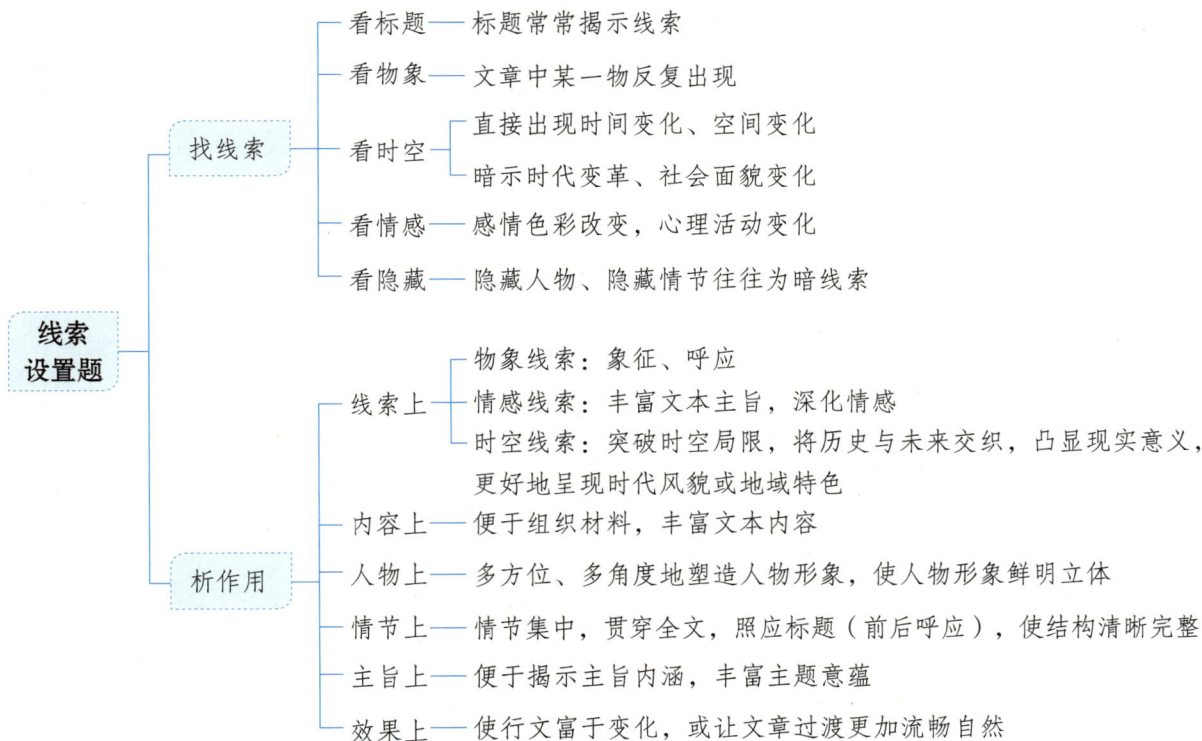

（1）物象线索：象征、呼应。情感线索：丰富文本主旨，深化情感。时空线索：突破时空局限，将历史与未来交织，凸显现实意义，更好地呈现时代风貌或地域特色。

（2）便于组织材料，丰富文本内容。

（3）多方位，多角度地塑造人物形象，使人物形象鲜明立体。

（4）情节集中，贯穿全文，照应标题（前后呼应），使结构清晰完整。

（5）便于揭示主旨内涵，丰富主题意蕴。

（6）使行文富于变化，或让文章过渡更加流畅自然。

```
线索
设置题
├─ 找线索
│   ├─ 看标题——标题常常揭示线索
│   ├─ 看物象——文章中某一物反复出现
│   ├─ 看时空┬─直接出现时间变化、空间变化
│   │        └─暗示时代变革、社会面貌变化
│   ├─ 看情感——感情色彩改变，心理活动变化
│   └─ 看隐藏——隐藏人物、隐藏情节往往为暗线索
│
└─ 析作用
    ├─ 线索上┬─物象线索：象征、呼应
    │        ├─情感线索：丰富文本主旨，深化情感
    │        └─时空线索：突破时空局限，将历史与未来交织，凸显现实意义，
    │              更好地呈现时代风貌或地域特色
    ├─ 内容上——便于组织材料，丰富文本内容
    ├─ 人物上——多方位、多角度地塑造人物形象，使人物形象鲜明立体
    ├─ 情节上——情节集中，贯穿全文，照应标题（前后呼应），使结构清晰完整
    ├─ 主旨上——便于揭示主旨内涵，丰富主题意蕴
    └─ 效果上——使行文富于变化，或让文章过渡更加流畅自然
```

端优选 典型例题

阅读文章，回答问题。

十八岁的李响

蔡 楠

①说实话，我比较讨厌李响。我这些天很忙，正忙一件大事。我越忙，他越来添乱。

②他这么大岁数了，冷不丁就会出现在我的办公室，还一直蹦来跳去的。他耳不聋眼不花，就是嘴笨，说话磨磨唧唧的。我就讨厌他这一点，有话就说，说完就走不好吗？还有，我还怕他蹦来跳去摔坏了，我可没时间送他去医院。李直也没时间。李直比我更讨厌他。

③于是我想赶他走。我泡上了一杯茶，给他端过去。我把茶水送到了他的嘴边："喝点儿吧，喝完了，哪里来就回哪里去吧，我明天还出门呢！"

④李响就把一杯茶喝光了。我看到那杯茶透亮亮地流到了李响的体内，他的身体就不飘了，也不蹦不跳了，稳稳当当地站在了那里。

⑤我知道，茶水冲掉了这些年堵在他喉咙里的东西，他的声道开始通畅了。我拿出一个宜兴紫砂陶壶，又拿出一罐好茶给他："你可以走了！"他把东西拨拉到一边去，清清爽爽地说："我不是来要东西的，我想跟你出门，去南泥湾——"

⑥我吃了一惊。他怎么会知道我要去南泥湾？我赶紧去扶他，我怕他说胡话犯病啥的。我把座椅搬了出来，放到他的屁股底下。他却不坐，腰板挺直了盯着我："李游，你说到底带我去不？"

⑦"我去是有项目做，你去干什么？"

⑧"我给你当向导，我熟悉那里，在那里打过仗！"李响一字一顿地说。

⑨"快别说你打仗的事了，你当年是偷着跑出去的，瞒着父母，连新婚十天的媳妇都瞒着。知道李直为什么讨厌你吗？就是讨厌你偷着跑了。"

⑩"我那不是偷着跑，是当兵抗日去了。"李响争辩着。

⑪"那你打仗了吗？"

⑫"打了，不过，也算没……没打。"李响这回坐下了，我看到他的眼神有些黯淡，"我跟队伍走的第三天，就在石家庄附近的陈庄和鬼子打了一仗，还没冲锋，我的腿就中了一枪。后来腿瘸了，我就当了炊事员。"

⑬我扑哧一声，刚喝进去的一口茶差点儿喷出来："那后来呢？"

⑭"后来我还参加了百团大战，后来就跟着部队去了晋西北，再后来……就去了延安。"李响的眼神突然有了光芒，"我是一瘸一拐地跟着部队来到延安来到毛主席身边的。那时候，我和战友们都觉得这回有仗要打了，我们得保卫延安啊！可是……可是毛主席却让我们去南泥湾种地。"

⑮"你是说，你去南泥湾开过荒？"我觉得李响顺畅的话有点儿离谱，"怎么这些年也没听你说过呢？"

⑯"这有什么好炫耀的，我在老家又不是没种过地！"李响摆了摆手，"再说了，你和李直哪里关心过我啊。"

⑰李响说得对，李直和我确实不大关心他。他从十八岁就扔下媳妇跑了，李直出生的时候都不知道他爹是谁。李直他们娘俩在动乱的时光里自己熬过来就不错了，哪里还能关心他。

⑱"你们不关心我，可我惦记你们！"李响叹了口气，"原来我想打完鬼子就回来，后来我又想等南泥湾的地种好了再回来。可南泥湾很难缠啊……"

⑲"你就别找理由了，你根本没想过回来！"我怼着李响。

⑳"别……别瞎说，我李响不是那种人。那时候的南泥湾，天寒地冻，荒无人烟。部队开拔到那里，没吃没穿没住的。我当炊事员还不知道吗？红米饭南瓜汤，那是后来才有的，挖野菜也当粮，大冬天往哪里去挖野菜？反正，炊事班里也没饭可做，我就拿起做饭的铁铲，穿着单衣，跟大家去开荒了……"

㉑我不说话了。听李直讲过，他两岁的时候，县上的干部送李响的包裹回来时，确实带着一把铁铲，不过铲子剩了个破片片。

㉒见我不说话，李响来劲了："你承认我说的是真的吧？带我去吧！"

㉓我凑近李响，把他抱住了。他的身体很轻，我知道我抱住的不单是李响，还有李响的故事。

㉔我决定带李响走。

㉕李响跟着我来到了南泥湾，却蒙圈了。他找不到开过荒的地方了。他不吹了，只能由我给他当向导。我开着导航，带他去了三五九旅旅部旧址、南泥湾垦区政府旧址，带他去了党徽广场，还带他去了南泥湾风景区，参观了南泥湾特有的民宿……

㉖"看，我就在这里开过荒，在这里住过——"

㉗李响在一孔被改造成农家院的窑洞前站住了，大呼小叫起来。

㉘我知道，我应该办我的大事了。我走进窑洞，一群人早已等在那里了。那是南泥湾开发区的领导。我从电脑包里拿出了一份签好字的合同。我说："这是我们公司引进的石墨烯技术，现在我无偿地献给南泥湾，用上这种材料，窑洞加热快，也非常环保。再有，我的集团公司，捐献一批白洋淀环保充电车，方便旅游，第一批已经在路上了……"

㉙办完这件大事，我回头再找李响，却没有他的踪影了。我不能弄丢李响。

㉚我知道李响去了哪里。我急匆匆来到了九龙泉烈士纪念碑前，果然看到李响一动不动地站在那里。确切地说，是他的名字嵌在了纪念碑里。我听到了导游的讲解：

㉛李响，河北雄安人，曾经创造一天开荒4.23亩的记录，他用铁铲和镢头连续开荒一个月，最后累死在了地里，那年他只有十八岁……

㉜我的眼泪急速地涌了出来，我大声喊道："爷爷，你的孙子来看你了……"

（有删改）

注：1941年3月，八路军三五九旅在旅长王震的率领下在南泥湾开展了著名的大生产运动。

问：本文荣获"南泥湾杯"全国征文大赛一等奖，请结合文本从构思和主题两方面分析小说获奖原因。

端子曰 名师解析

构思：原来爷爷早已成为烈士，这场祖孙的对话只能在想象中完成，略显荒诞。但这种虚实结合的独特写法令人耳目一新，回味无穷。结局令读者恍然大悟，给读者带来了新奇的阅读体验。小说采用双线结构，通过祖孙对话这种虚写的方式交代了革命烈士李响的人物经历，又实写了革命先烈后代——"我"到南泥湾做公益项目。这样虚实穿插将李响的故事和李游的故事交织在一起，使小说结构精巧，叙事集中。

主题：塑造以"李响"为代表的舍小家、为大家的革命烈士形象，歌颂了他们献身革命、自力更生、艰苦奋斗的南泥湾精神；写作为革命烈士后代的"我"继承了爷爷的遗志，赞美了新一代青年传承革命精神、无私奉献的社会担当。

参考答案

构思：

①小说采用幻想与现实相交融的手法，讲述李响的故事，给读者带来了新奇的阅读体验。

②小说采用双线结构，将李响的故事和李游的故事交织在一起，使小说结构精巧，叙事集中。

主题：

①小说塑造了李响等老一辈革命者形象，歌颂了他们献身革命、自力更生、艰苦奋斗的南泥湾精神。

②小说赞美了新一代青年传承革命精神、无私奉献的社会担当。

端演练 综合练习

（2017年全国Ⅰ卷）阅读文章，回答问题。

天 嚣

赵长天

①风，像浪一样，梗着头向钢架房冲撞。钢架房，便发疟疾般地一阵阵战栗，摇晃，像是随时都要散架。

②渴！难忍难挨的渴，使人的思想退化得十分简单、十分原始。欲望，分解成最简单的元素：水！只要有一杯水，哪怕半杯，不，一口也好哇！

③空气失去了气体的性质，像液体，厚重而凝滞。粉尘，被风化成的极细小的砂粒，从昏天黑地的旷野钻入小屋，在人的五脏六腑间自由遨游。它无情地和人体争夺着仅有的一点儿水分。

④他躺着，喉头有梗阻感，他怀疑粉尘已经在食道结成硬块。会不会引起别的疾病，比如矽肺？但他懒得想下去。疾病的威胁，似乎已退得十分遥远。

⑤他闭上眼，调整头部姿势，让左耳不受任何阻碍，他左耳听力比右耳强。

⑥风声，丝毫没有减弱的趋势。

⑦他仍然充满希望地倾听。

⑧基地首长一定牵挂着这支小试验队，但无能为力。远隔一百千米，运水车不能

出动，直升机无法起飞，在狂虐的大自然面前，人暂时还只能居于屈从的地位。

⑨他不想再费劲去听了。目前最明智的，也许就是进入半昏迷状态，减少消耗，最大限度地保存体力。

⑩于是，这间屋子，便沉入无生命状态……

⑪忽然，处于混沌状态的他，像被雷电击中，浑身一震。一种声音！他转过头，他相信左耳的听觉，没错，滤去风声、沙声、钢架呻吟声、铁皮震颤声，还有一种虽然微弱，却执着并带节奏的敲击声。

⑫"有人敲门！"他喊起来。

⑬遭雷击了，都遭雷击了，一个个全从床上跳起，趺趺撞撞，竟全扑到门口。

⑭真真切切，有人敲门。谁？当然不可能是运水车，运水车会揿喇叭。微弱的敲门声已经明白无误地告诉大家：不是来救他们的天神，而是需要他们援救的弱者。

⑮人的生命力，也许是最尖端的科研项目，远比上天的导弹玄秘。如果破门而入的是一队救援大军，屋里这几个人准兴奋得瘫倒在地。而此刻，个个都像喝足了人参汤。

⑯"桌上有资料没有？当心被风卷出去！"

⑰"门别开得太大！"

⑱"找根棍子撑住！"

⑲每个人都找到了合适的位置，摆好了下死力的姿势。

⑳他朝后看看。"开啦！"撤掉顶门棍，他慢慢移动门闩。

㉑门闩吱吱叫着，痛苦地撤离自己的岗位。当门闩终于脱离了销眼，那门，便呼地弹开来，紧接着，从门外滚进灰扑扑一团什么东西和打得脸生疼的砂砾石块，屋里霎时一片混乱，像回到神话中的史前状态。

㉒"快，关门！"他喊，却喊不出声。但不用喊，谁都调动了每个细胞的力量。

㉓门终于关上了。一伙人，都顺门板滑到地上，瘫成一堆稀泥。

㉔谁也不作声。谁也不想动。直到桌上亮起一盏暗淡的马灯，大家才记起滚进来的那团灰扑扑的东西。

㉕是个人。马灯就是这人点亮的。穿着毡袍，说着谁也听不懂的蒙古语。他知道别人听不懂，所以不多说，便动手解皮口袋。

㉖西瓜！从皮口袋里滚出来的，竟是大西瓜！绿生生，油津津，像是刚从藤上摘下，有一个还带着一片叶儿呢！

㉗戈壁滩有好西瓜，西瓜能一直吃到冬天，这不稀罕，稀罕的是现在，当一口水

都成了奢侈品的时候，谁还敢想西瓜！

㉘蒙古族同胞利索地剖开西瓜，红红的汁水，顺着刀把滴滴答答淌，馋人极了！

㉙应该是平生吃过的最甜最美的西瓜，但谁也说不出味来，谁都不知道，那几块西瓜是怎么落进肚子里去的。

㉚至于送瓜人是怎么冲破风沙，奇迹般地来到这里，最终也没弄清，因为谁也听不懂蒙古语。只好让它成为一个美好的谜，永久地留在记忆中。

（有删改）

问：小说以"渴"为中心谋篇布局，有什么好处？请简要说明。

参考答案

①"渴"作为线索贯穿情节始终。全文情节围绕"渴"这一中心，从队员受困受渴，到渴望被救，最后得瓜解渴展开故事。

②塑造人物形象。通过队员受困受渴这一事件，塑造出不畏艰险、认真负责、热心救人的科研工作者形象。

③揭示主题。围绕受困受渴得瓜解渴这一事件，揭示出帮助别人就是帮助自己的人生哲理。

第三节 文学类文本情感表达题

端子曰 题型辨别

一、题干示例

（1）文章是如何抒发情感的？

（2）文章笼罩着……的感情基调，试分析是如何营造的。

（3）文章是如何表达……情感的？

二、题干总结

题干中要求分析文章是如何抒发某种情感的，或者是如何营造某种情感基调的，或者是如何营造某种氛围的，即可判定题目为情感表达题。

> 情感表达题，不仅在文学类文本中有所考查，在近几年高考诗歌鉴赏中，也频频出现。两者虽属不同模块，但答题思路有诸多相似之处。

端独家 答题要点

针对情感表达题，答题时要注意两大方面：一是文章的情感、主旨概括，二是文章的情感、主旨表达方式。

一、情感、主旨概括

（一）小说情感、主旨重点关注

作品的创作背景，尤其是特殊的时代背景。

人物的行为本质，事件从本质上是什么事情。

人物的行为动机，人物为什么要做这件事，注意思考内因和外因两大方面。

> 注意小说情感、主旨和散文情感、主旨常见的埋藏之处。

人物的行为结果、事件的结果往往与情感主旨有关。

（二）散文情感、主旨重点关注

文章的载体特点，文章中重点描述的人、事、景、物具有怎样的特点。

文中的抒情评价句，这类句子直接与情感、主旨挂钩。

载体本身意义及所属群体意义，注意情感、主旨梯度上升。

二、情感、主旨表达方式

（一）内容（载体）上

通过塑造……的人物形象或叙述……的故事或选取……的意象，描绘了……的景象或描绘了……的物象，表达了……的情感或主旨。（小说考虑三要素，散文考虑人、事、景、物）

（二）手法上

【大手法】欲扬先抑、对比反衬、虚实相生等。

【小手法】比喻、拟人、象征、白描、直接描写、侧面烘托等。

> 大手法和小手法只是为了方便理解而做的区分。大手法往往指整篇文章的手法，小手法往往指某个句、段的手法。

【其他手法】心理活动、内心独白、对话、人称等。

（三）语言上

关注文中特殊的字词选用，如叠词、方言词等。

关注文章的语言风格，如诗文气、生活化、时代特色、句式整齐、朗朗上口等。

（四）情感上

直接表达情感，含蓄表达情感。

```
情感表达题
速记口诀：
  内手语情
        ├── 内容上 ── 小说考虑三要素，散文考虑人、事、景、物
        │
        ├── 手法上 ── 大手法：欲扬先抑、对比反衬、虚实相生等
        │          ── 小手法：比喻、拟人、象征、白描、直接描写、侧面烘托等
        │          ── 其他手法：心理活动、内心独白、对话、人称等
        │
        ├── 语言上 ── 特殊的字词选用，如叠词、方言词等
        │          ── 语言风格，如诗文气、生活化、时代特色、句式整齐、朗朗上口等
        │
        └── 情感上 ── 直接表达情感，含蓄表达情感
```

端优选 典型例题

（2023年全国乙卷）阅读文章，回答问题。

长出一地的好荞麦

曹多勇

①这年里，德贵最后一次来种河滩地已是腊月里。这期间，他先后种过一次黄豆，两次绿豆，两次麦子，庄稼还是颗粒无收。这情况，德贵还有岁数更大的犁都没经历过。儿子儿媳说这怪气候叫厄尔尼诺现象，德贵不听这道理，骂天，说这是要绝人啊！

②大河湾土地分两种：一种在围堤坝里，淮河水一般淹不掉，是大河湾人赖以生存的保障；另一种地在堤坝外，无遮无拦地紧挨淮河，一年里能收季麦就不错了，秋季天都荒着——这地叫河滩地，也叫荒地，大河湾只德贵一人秋季天还耕种河滩地。

③村人说德贵，那点儿河滩地还能结出金豆豆、银豆豆？

④德贵家人也说德贵："年年秋季天见你在河滩地上种呀种呀种，可临了收几次？"

⑤德贵先是不愿搭理话，落后才说："俺见河滩地长草就像长俺心口窝，痛得夜夜睡不着觉呀！"

⑥河滩地位于村东两里地，德贵村东里出了庄，赶头牛，扛张犁，沿河堤一直往东去，人老，牛老，犁也老。牛老，蹄迈得很迟缓，远处里还以为牛是站堤坝上不动弹。人老，老在脊梁上，肩上挂一张犁，侧斜身显得更佝。犁呢是犁铧小，犁把细，还满身裂出一道一道暗裂纹，像老人手上脸上的皱纹皮。牛前边领，德贵后面跟，牛缰绳牵连他们俩，一副懒懒散散的模样，弄不清是德贵赶牛，还是牛牵德贵。至河滩地头，德贵说一声"吁——"，牛停下蹄，瞪一对大牛眼瞧德贵。德贵下堤坝往河滩地里走，牛也侧转身头低屁股撅，挺住蹄缓下堤坝追德贵，关键时才分出牛还是受人支配着。

⑦德贵没有即刻套牛犁地，他知道牛跟自己还有犁都得歇息喘口气。犁榫眼松，趴德贵肩"吱呀、吱呀"一路不停歇地叫。德贵说犁："俺知道你榫眼咧着嘴，不湿润湿润水，你准散架。"牛嘴也"吧嗒、吧嗒"扯黏水吐白沫。德贵说牛："俺知你嗓子眼冒着火，得去淮河里喝个饱。"于是，德贵、牛和犁三个老货径直朝淮河走去，

⑧牛饮水，人喝水，犁干脆丢河里。德贵喝几口水站起身，骂犁："你个老货还真能憋气呢！"骂牛："你个吃草的家伙能站俺上游饮水？"

⑨淮河水这会儿还温温顺顺躺河床里，波浪一叠压一叠有条不紊地浪过来又浪过来。德贵、牛，还有那只淹没水里的犁构成一幅温馨的田园画。但德贵却在这宁静貌似温顺的淮河水里瞧出洪水泛滥的迹象。这迹象是几缕混浊的泥丝，曲曲折折隐河边的水里摇曳流过。这几缕浑浊的泥丝就是上游山水下来的前兆，就像暴风雨过来之前的一阵凉风。

⑩牛饮饱水抬起头，润湿的嘴像涂抹油似的又黑又亮。德贵问牛："你说俺们这地犁还是不犁？"牛两眼盯着水面瞧着什么，又似乎什么也没瞧。德贵又问犁："你说俺们这地犁还是不犁？"德贵问犁没见犁，这才弯腰伸手捞出犁。犁全身吃透水，多余的水滴答滴答往河面滴。这清脆的水滴声像是回答德贵的问话。德贵说："还是犁说得对，不能害怕涨水淹河滩地，俺们就不种河滩地。"

⑪不知怎么的，德贵感觉最通人性的是犁，而不是牛。

⑫这天上午，德贵犁过河滩地；这天下午，德贵耙过河滩地；这天挨傍晚，德贵撒开黄豆种。一天时间，这块河滩地就喧喧腾腾像块饼被德贵精心制作好，摆放在淮河边上。

⑬然而，还没等德贵的锄伸进去，淮河的水便涨出来。德贵赤脚跑进黄豆地，眼前那些没顶的禾苗还使劲地举着枝叶在河水里挣扎。德贵站立的地方原本还是一处干地，河水舔舔地漫过脚面，德贵往后退，骂河水，说："俺是一棵会挪动的庄稼，你们想淹也淹不住。"

⑭就这么河水淹过种，种过淹，德贵从夏日里一口气赶进腊月天。

⑮腊月里天寒地冻，德贵这回出村没牵牛，没扯犁，只扛一把大扫帚。河滩地经河水反复浸泡几个月，晃晃荡荡地如铺展一地的嫩豆腐。这样的地是下不去牛、伸不开犁的。德贵扛的大扫帚是牛也是犁。德贵脱下鞋，"咔嚓"踩碎表层的薄冰走进去，冰泥一下没过小腿肚，德贵挨排排拍碎冰，而后才能撒上种。

⑯这一次撒的是荞麦，腊月天，只能种荞麦。

⑰德贵毕竟是上岁数的人，又加两腿淤进冰泥里，那些刺骨的寒气也就洪水般一浪一浪往心口窝那里涌。德贵仍不罢手，不急不躁，拍一截冰泥地，撒一截种子，而后再把荞麦种拍进泥水里。德贵知道停下手，这些拍碎的冰泥又会凝结起来。德贵还知道荞麦种在这样的冰泥里是长不出芽的，即使长出芽，也会被冻死，但德贵仍是一点儿一点儿地种。

⑱这天，德贵回家烧两碗姜茶喝下肚，便躺床上睡起来，梦里的河滩地绿油油长

满一地的好荞麦，长呀长呀一个劲地往上长。

（有删改）

问：文中画线部分的描写，使人、牛、犁浑然一体，这种艺术效果是如何营造出来的？请简要赏析。

端子曰 名师解析

这是一道变体的情感表达题。问题可以理解为"这种和谐融洽的意境氛围是如何营造出来的？"。

答题时，可以从"内容""手法""语言""情感"等多个角度进行赏析。

内容上，画线句子表现了农耕生活的和谐与温馨。手法上，画线句子运用了典型的白描手法，不加渲染，却使场景具有画面感。语言上，句式整齐，朗朗上口，具有节奏美。情感上，由情及景，情景交融，使得传统农家生活的美好淋漓尽致。

参考答案

①内容上，"人""牛"和"犁"的组合，构成了一幅温馨的农耕田园图画。

②形式上，句式整齐，具有音韵和谐统一的节奏感。

③手法上，"人""牛"和"犁"的形象相互映衬，彼此相依，浑然一体；用白描的手法勾勒出一个完整和谐的农耕世界，反映出中国农民对土地的深厚情感，景和情相谐相生，融为一体。

端演练 综合练习

（2021年八省联考模拟）阅读文章，回答问题。

秋 雨

［日］川端康成

①我的眼睛深处，映出团火降落在红叶山上的幻影。

②与其说是山，莫如说是山谷更贴切。山高谷深，山峦紧迫溪流两岸，巍峨地雄峙着。不抬头仰望，是不易窥见山巅上的苍穹的。天空还是一片蔚蓝，却已微微

现出了暮色。

③溪流的白石上，也同样弥漫着薄薄的暮霭。红叶的寂静，从高处笼罩着我，渗透我的身心。莫非要让我早早地感受到日暮之将至？小溪的流水一片湛蓝，红叶没有倒映在溪流的蓝色中。我怀疑起自己的眼睛来。这时，在蓝色的溪面上却看见了火从天而降。

④仿佛不是在降落火雨或火粉，只是小小的火团在溪面上闪闪烁烁，但从天上降下则是无疑的。那小团的火球落在蓝色的溪面上旋即就消失了。火从山谷降落的瞬间，由于红叶的缘故，看不见火的颜色。那么，山巅上又是什么情况呢？抬头仰望，只见一团团小火球以想象不到的速度从上空降落下来。大概是火团在活动的缘故吧，以雄峙屹立的山峰为堤岸，看起来狭窄的天空好像是一条河流在流淌。

⑤这是我在去京都的特别快车上，入夜刚要打盹儿的时候所泛起的幻影。

⑥十五六年前，我住院做胆结石手术时，同我邂逅的两个女孩子总是留在我的记忆里。这次去京都，我就是为了到京都的饭店去看望其中一个女孩子的。

⑦另一个女孩子生来就没有胆液输送管，据说顶多只能活一年，所以必须接受手术治疗，植入人造管，将肝脏和胆囊连接起来。母亲抱着幼儿站在走廊上，我走近看了看，说道：

⑧"多好啊，这孩子真可爱！"

⑨"谢谢。恐怕今明两天就不行了，正在等家里人来接呢。"母亲平静地回答。

⑩孩子静静地入梦了。她身裹山茶花图案和服，大概是术后胸前缠着绷带，衣裳宽松而臃肿。

⑪我对那位母亲说出这种唐突的问候，也是因为住院患者之间的互相体贴而疏忽了的缘故吧。这家外科医院来了许多做心脏手术的孩子。手术之前，他们有的在走廊上东奔西跑，有的乘电梯上上下下，嬉戏喧闹。不觉间，我也同这些孩子打起招呼来。他们都是五岁到七八岁的孩子，患有先天性心脏病。心脏手术最好在幼儿期进行，否则可能夭折。

⑫这些孩子当中的一个特别引起我的注意。每次乘电梯，我几乎都看见她也在电梯的犄角。这个五岁的女孩子独自一人蹲在站着的大人腿脚后面，总是闷不作声。她那双不和悦的眼睛射出强烈的光芒，那张倔强地噘起的小嘴紧闭着。我向我的贴身护士探听，据她说这女孩子几乎每天都要花上两三个小时这样独自乘电梯上上下下。就是坐在廊道的长椅上，她也是绷着脸，不吭一声。我试着同她搭话，她的眼睛却一动

不动。我对我的护士说：

⑬ "这孩子很有出息啊！"

⑭后来，这女孩子不见了。

⑮我问护士："那孩子做了手术？术后情况好吗？"

⑯ "她没做手术就回家了，她看到贴邻病床的孩子死了，她就不愿做手术，要回家。谁的劝说她都不听。"

⑰ "唔……但是，她会不会夭折呢？"

⑱这回我到京都，就是为了去看望这个如今已经是二八妙龄的姑娘。

⑲雨敲打在客车车窗上的声音，把我从朦胧的梦境中惊醒。幻影消失了。我又快要打盹儿的当儿，就听见雨点打在车窗上的声音。转眼间，风雨交加，雨点敲打车窗的声音越来越激烈了。打在窗玻璃上的雨点，一滴滴地顺着窗玻璃斜斜地流落下来。有的雨点从车窗的一端流到另一端。流着流着，短暂停住，接着又流动起来。流流停停，停停流流，显得很有节奏。一滴滴水点，后面的赶超前面的，上面的低低地落到下面，画出一道道交错的线。我从流动的节奏中，听到了音乐。

⑳我觉得火降在红叶尽染的山上的幻影，是静谧无声的。然而，敲打在车窗玻璃上流动着的一滴滴雨点的音乐，却又变成了那降火的幻影。

㉑后天，在京都某饭店的大厅里将要举办新年和服表演会，我应和服店老板的邀请前往参观。服装模特儿当中有一个叫别府律子的，我忘不了她的名字。但是，我不知道她当了服装模特儿。我没有去欣赏京都的红叶，宁可来观看律子的表演。

㉒翌日，依然秋雨绵绵。下午，我在四楼的大厅里观看电视。这里像是宴会大厅的休息室。已有两三对婚宴的客人，显得十分拥挤，打扮好了的新娘子也从这里经过。我偶尔回头，看见排号早的新郎新娘从会场里走出来，站在我的身后拍摄纪念照片。

㉓和服店老板就在那里致辞。我询问："别府律子来了吗？"老板立即用眼睛指一指近旁。原来律子正用不和悦的目光，凝望着站在被秋雨打得朦朦胧胧的玻璃窗前拍纪念照的新郎新娘。律子紧闭双唇。这位亭亭玉立的美丽姑娘还活在人世间，我本想上前探问：还记得我吗？想得起来吗？可我终究还是踟蹰不前。

㉔ "明天的表演会，我们请她穿上新娘礼服，所以……"和服店老板在我的耳边悄声说了这么一句。

（叶渭渠译，有删改）

问：这篇小说体现了什么样的情感氛围？作者是如何表达这种情感氛围的？

参考答案

①这篇小说体现了一种对生命的感伤、渴求与抗争。

②本文的景物描写虚实相生，大量使用"红叶""火团"等意象，流露出了一种哀伤又坚忍的感情。

③本文的语言风格含蓄细腻，委婉却深刻地表达了对生命的思考。

④本文通过写律子的故事，表达了对生命的坚持和希望。

第四节 文学类文本语言赏析题

【端子曰】 题型辨别

一、题干示例

（1）这篇文章在语言上有何特色？

（2）简析文章的语言特色。

（3）这篇文章富有……的语言风格，请结合文本分析。

二、题干总结

题干中要求分析所画出的某处句段，或者针对整篇文章进行语言风格的分析，或者点明文章的某种语言风格，要求结合文本分析，即可判定题目为语言风格赏析题。

【端独家】 答题要点

文学类文本语言赏析，要从"修辞""词语""句式""语用""表达"五个方面进行解答。（速记口诀：修词句语表）

一、修辞的运用

点明修辞手法，分析修辞手法所表现的内容、呈现的效果、表达的情感。

【答题语言】运用……手法，表现了……（内容），……（效果）地表达了……（情感）。

二、词语的锤炼

注意特殊词的运用，如：动词、形容词、颜色词、叠词、方言词等。

【答题语言】运用……（词语类型），准确生动（或凝练传神、言简意丰）。

三、句式的选择

感叹句情感强烈，疑问句发人深思。

长句层层修饰、表意严密，短句节奏鲜明、简洁有力。

整句结构匀称、音韵和谐、气势贯通，散句错落有致、自由活泼、富于变化。

四、语用的风格

（1）时代特色：常表现为文章中的一些词语只在特定的时代使用，有明显的时代气息。

（2）地域特色：常表现为大量使用方言、俚语等。

（3）语体特色：分为口语和书面语。前者充满生活气息，后者则典雅庄重。

> 表达技巧往往指覆盖全篇文章的"大手法"。

五、表达的技巧

表达的技巧有直接描写、侧面烘托等，同时也包含扬抑关系、情景关系等。

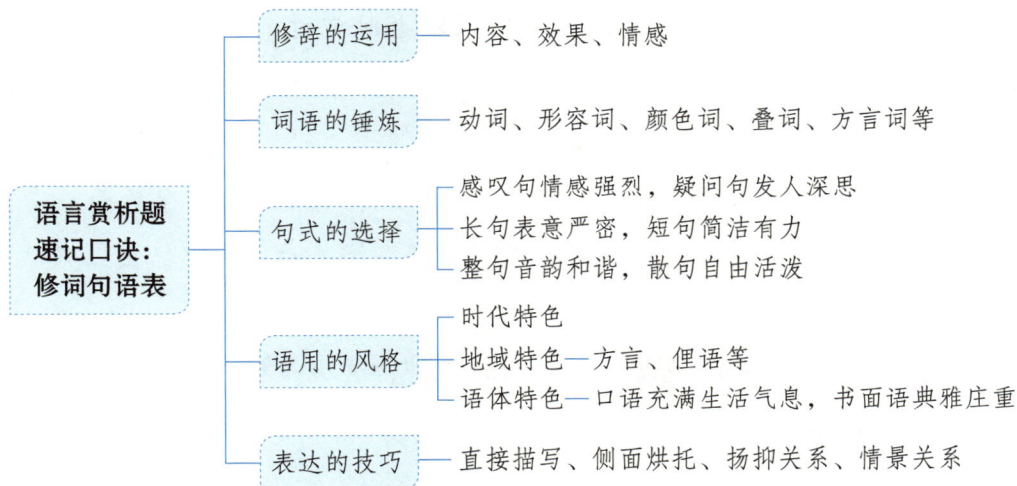

```
语言赏析题              ┌ 修辞的运用 ── 内容、效果、情感
速记口诀：              │
修词句语表              ├ 词语的锤炼 ── 动词、形容词、颜色词、叠词、方言词等
                      │
                      │              ┌ 感叹句情感强烈，疑问句发人深思
                      ├ 句式的选择 ──┤ 长句表意严密，短句简洁有力
                      │              └ 整句音韵和谐，散句自由活泼
                      │
                      │              ┌ 时代特色
                      ├ 语用的风格 ──┤ 地域特色—方言、俚语等
                      │              └ 语体特色—口语充满生活气息，书面语典雅庄重
                      │
                      └ 表达的技巧 ── 直接描写、侧面烘托、扬抑关系、情景关系
```

端优选 典型例题

（2017年全国Ⅲ卷）阅读文章，回答问题。

我们的裁缝店

李 娟

①在城市里，裁缝和裁缝店越来越少了。但在喀吾图，生活迥然不同。这是游牧地区，人们体格普遍高大宽厚，再加上常年的繁重劳动，很多人身体有着不同程度的变形，只有量身定做的衣服才能穿得平展。

②我们租的店面实在太小了，十来个平方，中间拉块布帘子，前半截做生意，后半截睡觉、做饭。但这样的房间一烧起炉子来便会特别暖和。很多个那样的日子，狂

风呼啸，昏天暗地，小碎石子和冰雹砸在玻璃窗上，"啪啪啪啪"响个没完没了……我们的房子里却温暖和平，锅里炖的风干羊肉溢出的香气一波一波地滚动，墙皮似乎都给香得酥掉了。

③我们还养了金鱼，每当和顾客讨价还价相持不下时，我们就请他们看金鱼。这样的精灵实在是这偏远荒寒地带最不可思议的尤物——清洁的水和清洁的美艳在清洁的玻璃缸里曼妙地闪动，透明的尾翼和双鳍缓缓在水中张开、收拢，携着音乐一般……

④这样，等他们回过神来，再谈价钱，口气往往会软下来许多。

⑤当地男人们很少进店。最固执的是一些老头儿，偶尔来一次，取了衣服却死活不愿试穿，即使试了也死活不肯照镜子，你开玩笑地拽着他往镜子跟前拖，让他亲眼看一看这身衣服多"拍兹"（漂亮），可越这样他越害羞，双手死死捂着脸，快要哭出来似的。

⑥女人们就热闹多了，三三两两，不做衣服也时常过来瞅一瞅，看我们有没有进新的布料。如果有了中意的一块布，未来三个月就一边努力攒钱，一边再三提醒我们，一定要给她留一块够做一条裙子的。

⑦库尔马罕的儿媳妇也来做裙子了，她的婆婆拎只编织袋跟在后面。量完尺寸我们让她先付订金，这个漂亮女人二话不说，从婆婆拎着的袋子里抓出三只鸡来——"三只鸡嘛，换条裙子，够不够？"

⑧她订的是我们最新进的晃着金色碎点的布料，这块布料一挂出来，村子里几乎所有的年轻媳妇都跑来做了一条裙子。

⑨她说："不要让公公知道啊！公公嘛，小气嘛，给他知道了嘛，要当当（唠叨、责怪）嘛！"

⑩"婆婆知道就没事了？"

⑪"婆婆嘛，好得很嘛！"她说着揽过旁边那矮小的老妇人，叭地亲一口："裙子做好了嘛，我们两个嘛，你一天我一天，轮流换着穿嘛！"

⑫她的婆婆轻轻嘟囔一句什么，露出长辈才有的笑容。

⑬但是我们要鸡干什么？但是我们还是要了。

⑭还有的人自己送布来做，衣服做好后却凑不够现钱来取，只好挂在我家店里，一有空就来看一看，试穿一下，再叹着气脱下来挂回原处。

⑮有个小姑娘的一件小花衬衣也在我们这儿挂着，加工费也就八元钱，可她妈妈始终凑不出来。小姑娘每天放学路过我家店，都会进来捏着新衣服摸了又摸，不厌其

烦地给同伴介绍："这就是我的！"穿衬衣的季节都快过去了，可它还在我们店里挂着！最后，我们先受不了了。有一天，这孩子再来看望她的衣服时，我们就取下来让她拿走。小姑娘惊喜得不敢相信，在那儿不知所措地站了好一会儿，才慢吞吞挪出房子，然后转身飞快跑掉。

⑯裁缝的活不算劳累，就是太麻烦。量体、排料、剪裁、锁边、配零件、烫黏合衬、合缝……做成后，还得开扣眼、钉扣子、缝垫肩、锁裤边。浅色衣服还得洗一洗，缝纫机经常加油，难免会染脏一点儿，而且烙铁也没有电熨斗那么干净，一不小心，黑黑的煤灰就从气孔漾出来，沾得到处都是。

⑰是呀，从我们当裁缝的第一天起，就发誓一旦有别的出路，死也不会再干这个了。但假如有一天不做裁缝，我们还是得想办法赚钱过日子，过同样辛苦的生活。——可能干什么都一样的吧？

⑱是这样的，帕孜依拉来做衬衣，我们给她弄得漂漂亮亮的，她穿上以后高兴得在镜子面前转来转去地看。但是我立刻发现袖子那里有一点儿不平，就殷勤地劝她脱下来，烧好烙铁，"滋——"地一家伙下去……烫煳一大片……

⑲怎么办呢？我们商量了半天，把煳的地方裁掉，用同样的布接了一截子，将袖口做大，呈小喇叭的样式敞开，还钉上了漂亮的扣子。最后又给它取了个名字："马蹄袖"。

⑳但是后来……几乎全村的年轻女人都把衬衣袖子裁掉一截，跑来要求我们给她们加工"马蹄袖"。

㉑干裁缝真的很辛苦，但那么多事情，一针一线的，不是说拆就能拆得掉。当我再一次把一股线平稳准确地穿进一个针孔，总会在一刹那想通很多事情。

（有删改）

问：本文的语言充满生活气息，请结合全文对此加以赏析。

端子曰 名师解析

这是一道语言风格赏析题。题干中点明了文章富有生活气息的语言风格，要求结合全文进行分析。答题时，要回到原文搜寻与生活气息有关的信息。

语言富有方言特色，如"当当嘛""公公嘛，小气嘛"，展示出了少数民族语言的特色；语言充分展示了人物的性格，如"三只鸡嘛，换条裙子，够不够？"展示出人物直爽率真的一面；句子形式多变，长短结合，整散并举，既有精练有力的短句，又有整齐划一的长句；场面描写生动。

参考答案

①语言生活化、口语化，亲切自然。

②人物对话有地域特点，鲜活真实。

③整体上形成了明快风趣的语言风格，率真不做作。

端演练 综合练习

阅读文章，回答问题。

穿燕尾服的巴基先生

[匈牙利] 米克沙特

①关于阿尔弗勒德平原的"土财主"，有许多事情是值得描述的。他们的收入不算多，但他们拥有的财产倒不亚于摩洛哥王子呢！讲到巴基先生，故事有一大堆呢！的确，事情真是稀奇古怪：这些身穿大棉袄，其貌不扬的人物，遇到他们高兴的时候也会悠然自得地叼着烟斗，坐上四轮马车，招摇过市呢！

②不过，他们很少闹出这种排场。巴基先生总是坐普通的农民马车来佩斯。在车上，他的午饭是面包夹腊肉，他兴致勃勃地用他那把弗赫堡小刀切肉片；他要是想把味道调得好一些，就把腊肉放在火上烤，让猪油慢慢地滴在面包片上面。这样可口的饭菜，连国王也没有吃过呢！

③然而，有谁认为阿尔弗勒德的富农是吝啬鬼，他就大错特错了，因为他们也是很会装阔气的，只不过表现不一样罢了。因为老爷死了，在地狱里也还是老爷。在酒店里，碰巧他的兴头上来了，四个吉卜赛人为他拉一段忧伤的小提琴曲调时，他就吆喝着吩咐堂倌：

④"去给这些吉卜赛人抬四桶酒来。"

⑤"我们用什么东西侍候你呢？巴基先生！"

⑥"给我抬半桶黑咖啡来好了。"

⑦遵照巴基先生吩咐，堂倌在露天用一口大锅煮咖啡。整个酒店的人都忙碌地围

着他转。他知道，人们正在干一件大蠢事。但正是在这个节骨眼上表现出他的豪爽。只要是巴基先生的吩咐，即便是一件蠢事，也大可不必去计较。他之所以叫巴基先生，是因为他有大笔财产，至于他的话对与不对，都是无所谓的。

⑧这位阿尔弗勒德的农民头子对于能挤进本地上层人物的圈子，感到非常得意。但是，要想得到更高的地位，就先要获取好的名声。

⑨巴基先生经常交好运，原因是他常跟老爷式的人物打交道；他家里的用人可算得上高贵人物，他们谈吐文雅，又有匈牙利式的健全的头脑。——因此，他的用人无论跟谁打交道，都不会给主人出丑的。

⑩这件事情发生在巴勒时代①。当时，有位新州长到诺格拉蒂州上任，他决定庆祝一番：举行一次午宴，宴请全州的达官要人。

⑪从哪儿知道什么人是州里最尊贵的人物呢？再没有比查地产登记簿更清楚的了。这是一部真正伟大的"科学著作"啊！谁要是从头到尾将它通读一遍，那么，在他面前不会有什么事情是"模糊不清"的了。

⑫州长秘书就是根据土地登记簿开列出应邀客人的名单。巴基先生当然是在被邀请之列，几乎还是属于最前面的名次呢！

⑬请帖发出去了。伟大的日子终于来临。州府大厦重新装饰过，焕然一新，这项工程是在州长亲自指导下进行的啊！他准备把这次宴会办得豪华而又丰富多彩，使它成为空前绝后的大事件。他吩咐仆役们，说："只有穿燕尾服的客人，才允许进去参加这次在阿尔弗勒德地区举行的极为盛大的宴会。"

⑭呵！几乎所有的客人都穿着燕尾服来了。唯独巴基先生穿着农民的节日服装；是的，为了准备参加这次宴会，这套服装经过了一番洗刷。他的裤兜里特地放了一条粉红色的、有些油污的手帕，稍稍露在兜口外面，这够庄严的啦！

⑮"你到这儿来干吗？你是谁？"等候在门口的管家对他大声地问道。

⑯"我吗？我就是巴基呀！"他说着，英武地挺直胸脯，大衣前襟上有笔直的三排纯银纽扣。

⑰"巴基！现在不许到州长那儿去。他正在里面宴请客人。"

⑱"我就是来参加午宴的呀！"

⑲管家睁大了眼睛。

⑳"这完全是不可能的！"他说道。

㉑巴基先生从口袋里拿出请帖，管家把眼睛瞪得大大的，惊讶地注视着；但是，

他还是这样说：

㉒"这不顶事。只让穿燕尾服的人进去。这是命令。这里是沙龙，只有穿礼服的人才配进去。"

㉓巴基先生生气地转身走了。他观察了管家的神色，立刻赶到一家裁缝铺去，人们按照规格给他穿上燕尾服。现在，在圣悌斯地方的人们，还常常谈起巴基先生生平第一次，也是最后一次穿燕尾服时可笑的模样哪！

㉔巴基先生在宴会上故意找碴，出气。当客人围着大桌子坐好，仆役们首先端上汤时，巴基先生皱着眉头，呆板地瞧着那只盛汤的大盆，故意把匙子弄得叮当响以引起大家的注意，然后低下头，撩起他那套新买的燕尾服的右襟，浸到菜汤里去。

㉕"你干吗？巴基先生！我的上帝，你到底要干吗？！"周围的客人目瞪口呆，过了好一会儿才诘问他，他们还以为他疯了呢！

㉖"哦！我请我的燕尾服喝汤哪！"巴基先生谦逊、安详地说，"因为我发现，不是请我，是请它来参加宴会的。"

㉗州长马上理解这件事情的原委。从此以后，他也很乐意招待身穿农民棉大褂的巴基先生了。

（有删改）

注：①匈牙利1848年革命失败后，奥地利哈布斯堡王朝实行残酷的黑暗统治，当时负责具体执行反动政策的是内政部部长巴勒·山陀尔。因此，人们惯称1849—1867年为巴勒时代。

问：米克沙特的小说具有寓褒贬于幽默诙谐之中的风格。请结合作品具体分析。

参考答案

于细节特写中见幽默诙谐。文中对巴基先生稍稍露在兜口外的"有些油污"的粉红手帕的装饰细节的勾勒，以及对巴基先生在筵席上故意做出滑稽动作而引人注目的行为的描写，都为作品增添了耐人玩味的谐趣。

以叙述者议论介入见幽默诙谐。文中对州长选定州里最尊贵的人物的依据标准做了简要的议论，充满调侃、嘲讽的意味；还有对阿尔弗勒德平原"土财主"财产数量与行事做派的点评，满含揶揄之意。

在遣词造句中见幽默诙谐。文中运用夸张、大词小用等修辞手法，彰显了幽默诙谐之意。如"这样可口的饭菜，连国王也没有吃过呢""这是一部真正伟大的'科学著作'啊！""使它成为空前绝后的大事件"等，都极尽冷嘲热讽之意。

第五节　文学类文本句段赏析题

端子曰　题型辨别

一、题干示例

（1）（2019年天津卷《萨丽娃姐姐的春天》）请赏析文中画线句子。

（2）（2018年天津卷《虹关何处落徽墨》）请赏析文中画线句子。

（3）（2017年天津卷《挺拔之姿》）赏析文章末段的文字。

（4）（2016年天津卷《在母语的屋檐下》）赏析文中画线的文字。

二、题干总结

题干中要求赏析某段文字或某个段落，或者要求从某种角度赏析某段文字或某个段落，即可判定题目为句段赏析题。

> 使用地方卷（如北京卷、天津卷）的同学重点关注整个文段的赏析。使用全国卷的同学重点关注手法的赏析。

端独家　答题要点

句段赏析题，要从"内容""手法""结构""语言""情感"五大方面进行。（速记口诀：内手结语情）

一、句子内容

内容概述：句段塑造了……人，或叙述了……事，或描绘了……景，或呈现了……物。

二、句子手法

点明手法：运用……手法，……（效果）地表现了……的特点。

三、结构作用

结合上下文，分析句段是否具有结构作用，如照应标题、照应开头、照应前文，

承上启下，引出下文、做铺垫、做伏笔等。

四、语言风格

点明语言风格，如运用生活化的语言，运用极具地域特色的语言，运用古典的语言，等等。

> 一般而言，回答运用什么手法时，优先考虑修辞手法和表现手法，其次考虑描写、记叙的表达方式，再次考虑抒情手法。

五、情感主旨

点明情感：表达了或暗示了……的情感。

```
                   ┌─ 句子内容 ── 人、事、景、物
                   │
                   ├─ 句子手法 ── 点明手法
                   │
句段赏析题          │
速记口诀： ─────────├─ 结构作用 ── 看上、看下、看整体
内手结语情          │
                   ├─ 语言风格 ── 生活化、地方化、诗文化
                   │
                   └─ 情感主旨 ── 点明情感
```

端优选 典型例题

阅读文章，回答问题。

母　亲

何家槐

①看见一阵人穿得清清楚楚的打她身边走过，母亲亮着眼睛问：

②"你们可是看火车去的？"

③"是的，阿南婶！"

④"我也想去。"

⑤"要去就去，又没有谁阻止你。"

⑥可是母亲摇摇头，她不能去，虽则没有谁阻止。她成年忙碌，尤其是在收豆的时候。这几天一放光她就起身，把家事料理妥当以后，她又忙着跑到天井里，扫干净了地，然后取下挂在泥墙上、屋檐下或者枯树枝中间的豌豆，用一个笨重的木槌打豆。

⑦这几天天气很好，虽则已是十一月了，却还是暖和和的，像春天。

⑧母亲只穿着一身单衣，戴一顶凉帽，一天到晚地捶着豌豆，一束又一束的。豆非常干燥，所以打豆一点儿不费力，有许多直像灯花的爆裂，自然而然地会裂开，像珍珠似的撒满一地。可是打完豆以后，她还得理清枯叶泥沙，装进大竹篓，而且亲自挑上楼去。这些本来需要男子做的事，真苦够她了。

⑨催，催，催，催；催，催……

⑩她一天打豆，很少休息，连头也难得一抬。可是当她听到火车吹响汽笛的时候，她就放下了工作，忘神地抬起头来，倾听，闭着眼思索，有时还自言自语：

⑪"唉，要是我能看一看火车！"

⑫车站离我们家里并不很远，火车经过的时候，不仅可以听到汽笛的声音，如果站在山坡上，还能够看见打回旋的白烟。因为附近有铁路还是最近的事，所以四方八面赶去看火车的人很多。

⑬母亲打豆的天井就在大路旁，村里人都得经过她的身边，如果要去火车站。一有人过去，她总要探问几句，尤其当他们回来的时候：

⑭"看见了没有？"

⑮"自然看见了，阿南婶！"

⑯"像蛇一样长吗？"

⑰"有点儿像。"

⑱"只有一个喷火的龙头，却能带着几十节几百节的车子跑，不很奇怪吗？"

⑲"真的很奇怪。"

⑳因为她像小孩子似的，不断地问长问短，有许多人简直让她盘问得不能忍受：

㉑"我们回答不了许多的，阿南婶，最好你自己去看！"

㉒"我自己？"

㉓她仿佛吃了一惊，看火车，在她看来像是永远做不到的事。

㉔"是的，你要去就去，谁也不会阻止你！"

㉕可是母亲摇摇头，她不能去，虽则没有谁阻止。她一生很少出门，成年累月地给钉在家里，像钉子一样。在这呆滞古板，很少变化的生活中，她对火车发生了很大的兴趣。那悠长的、古怪的汽笛，尤其使她起了辽远的、不可思议的幻想，飘飘然，仿佛她已坐了那蛇一样长的怪物飞往另一世界。不论什么时候一听到那种声音，她就闭上眼睛，似乎她在听着天外传来的呼唤。完全失神一样的，喂猪她会马上放下麦粥桶，洗衣服她会马上放下板刷，在煮饭的时候，她也会立刻抛开火钳，有时忘了添

柴，有时却尽管把柴往灶门送，以致不是把饭煮得半生半熟，就是烧焦了半锅。

㉖ "你也是坐着火车回来的吗？"

㉗她时常问从省城回来的人。

㉘ "是的，阿南婶！"

㉙ "火车跑得很快吗？"

㉚ "一天可以跑一千多里路，我早上还在杭州，现在却在这儿跟你讲话了。"

㉛ "那么比航船还快？"

㉜ "自然自然。"

㉝ "它是怎样跑的呢？"

㉞ "那可说不上来。"

㉟ "哦，真奇怪——"她感叹着说，"一天跑一千多里路，如果用脚走，脚胫也要走断了。这究竟是怎样的东西，跑得这样快，又叫得这样响？"

㊱ "……"

㊲跟她讲话的人唯恐她噜苏，急急想走开，可是母亲又拉住问：

㊳ "你想我能坐着火车去拜省城隍吗？"

㊴ "自然可以的，阿南婶，谁也不会阻止你！"

㊵可是母亲摇摇头，她不能去，虽则没有谁阻止。她举起木槌，紧紧地捏住一束豌豆，很想一槌打下去，可是一转念她却深深地叹息了。

（原载于《文学》1934年1月1日第二卷第一号，有删改）

问：结合上下文，赏析文中画横线部分。

端子曰 名师解析

这是一道句段赏析题。赏析句子的题目主要考查修辞手法和表现手法，常见的修辞手法有比喻、拟人、夸张、排比等；常见的表现手法主要有对比、衬托、动静结合、虚实结合和视听结合等，答题时先辨析手法，然后结合文句进行解释，最后明确效果。如本题通过运用比喻、排比的修辞手法，渲染了火车的神奇与母亲对火车的痴迷。通过描写神态、动作等细节，细腻刻画了母亲好奇、陶醉和渴望的心理。叙事上有过渡、舒缓节奏等作用。

参考答案

①用通俗平白的语言展现了母亲平日劳碌的状态以及对外面世界的渴望。

②通过比喻、排比的修辞手法，渲染了火车的神奇与母亲对火车的痴迷。

③通过描写神态、动作等细节，细腻刻画了母亲好奇、陶醉和渴望的心理。

④叙事上有过渡、舒缓节奏等作用。

端演练 综合练习

（2019年天津卷）阅读文章，回答问题。

萨丽娃姐姐的春天

艾 平

①萨丽娃姐姐的春天在呼伦贝尔大草原。

②冰雪将茫茫草原覆盖，仿佛一片亿万年的大水晶，解析了太阳的光谱，遍地熠熠生辉。这就是草原的春天，明亮，寒冷，空旷，漫长。呼伦贝尔草原不知"清明时节雨纷纷""烟花三月下扬州"为何物，沉寂始于十月、十一月，延至次年的五月，直到了六月才肯葳蕤。

③呼伦贝尔在北纬53度到北纬47度之间，几近冻土带，一年只有不足一百天的无霜期，春、夏、秋三个季节便挤在这一百天里奔跑，每一种植物都是百米冲刺的运动员，奔跑着发芽，奔跑着开花，奔跑着打籽，奔跑着完成生命基因的使命。你若细看草原上的那些芍药、萱草、百合、野玫瑰，就会发现它们都比内地的同类开得弱小，开得简单；那些毛发一样附在原野上的草类，更是生得低矮硕壮，因为它们没有时间拔高，必须快快成熟。乍暖还寒，草色遥看近却无，呼伦贝尔的春天在残雪中闪出，莞尔一笑，转瞬即逝。一夜南风，醒来时百草猛然长高了半尺，草原焕然碧透千里，如深深的海洋，波动在阳光下，泛起绸缎般的华丽。花朵们忙了一夜，终于捯饬一新，佩戴着天上的彩霞和地上的雨露，跟着绿浪摇曳曼舞。游人醉入花丛，欢喜得忘乎所以，浪漫地比照远方的场景，直把这草原夏日叫作草原的春天。他们不曾体验，因此不懂，草原的春天是一场望眼欲穿的期盼，而最终让你看到的却永远是结尾的那一瞬。

④萨丽娃姐姐和大地一起记忆着春天。

⑤草原的春天是妇女们含辛茹苦的季节。萨丽娃看见老祖母蹒跚在纷扬的春雪

中，靴子艰难地从冰泥里拔出来，又踩下去，湿漉漉的蒙古袍大襟冻成硬邦邦的冰片，在冷风中咔咔作响；她看见太阳的手指伸过来，轻轻地梳拢老祖母的银发，落在那只暗红的珊瑚耳环上，老祖母汗水淋漓的脸颊，布满了岁月的光芒。小羊羔总是走在大野芳菲之前，一个接一个降生在冰碴密布的草地上，然后它们站起来，像洁白的云朵一样缭绕着老祖母"咩……咩……"嚷着饥饿。

⑥百代千年，游牧人家在春季里寻找朝阳的地方接羔，一辈辈把长生天的教诲变成了不可更改的习惯，留在了老祖母的银发上。长生天不是传说之中的老天爷，是万物生存的法则，是必须敬畏的大自然。四月接羔，羊羔吃着母乳等待青草，青草和它们的乳牙一起长出来，它们开始奔跑，从此变成了原野的孩子，栉风沐雨，爬冰卧雪，生命就这样周而复始，生生不息。

⑦老祖母的腰是在春天累弯的，老祖母的劝奶歌是在春天里传给萨丽娃姐姐的。

⑧"陶爱格……陶爱格……你的孩子在哭泣，你这当母亲的给它吃奶吧……"老祖母的劝奶歌升起来，回响环绕，哀婉之中，苍穹附以和声，母体般的温暖笼罩草原，万物生灵的母性开始苏醒。母羊含泪站起身来，羊羔纷纷跪乳。饱食的羊羔肆意喧闹嬉戏，洁白的云朵在阳光里打滚儿，然后撒开四蹄奔跑，进入季节的深处。

⑨每年十月之后，老祖母把种公羊放进母羊群，母羊怀胎六个月，到次年四月或者五月分娩，完成一个春天的轮回。那前一年的接下的羊羔，由于仅仅吃过一个夏天的青草，骨头还未坚硬，脂肪仍然豆腐般多汁，头上卷曲的绒毛里才露出细小的犄角。老祖母仍然叫它们羔子，风雪夜里把它们放进蒙古包庇护，为了它们暖和，半夜起来给炉子加牛粪。萨丽娃姐姐依偎在老祖母的怀里说，好像羔子是你的亲孙女。

⑩后来，萨丽娃姐姐戴着老祖母的红珊瑚耳环离开了家。因为城里的暖气和热水，因为城里的漂亮和时尚，城里的楼房虽然很舒适，可那是租来的，不是家；萨丽娃姐姐思念阿妈的奶茶、阿爸的手把肉，好想好想骑上骏马变成草原的风，好想好想放开嗓子变成蒙古包前奔流的河。萨丽娃姐姐总觉得老祖母的红珊瑚耳环会说话，一天天在她耳边说个不停，只是那些古老的话，就像飞来飞去的鸟，有点儿听不懂，想留也留不下。

⑪萨丽娃姐姐终于回到了日夜思念的故乡。

⑫枕着幽幽的草香，她看见了逝去已久的老祖母，听清了老祖母在她耳边说的话——河冰不开，天鹅不来；骏马绕不过暴风雪，大雁甩不掉自己的影子……冬长夏短，谁也逆不过长生天的规矩……

⑬萨丽娃姐姐站在草原的春天里，伸出一双手，这手洁白细腻；萨丽娃姐姐轻轻托出一只小羊羔，把母羊脱落的子宫慢慢送回腹腔内，这双手浸染上羊水和血液，开始在寒风中皲裂，慢慢地，长生天的怀抱里回来了一个顺其自然劳作的人；当这双手终于被牛奶和油脂润透，不再畏惧风霜雨雪的时候，萨丽娃姐姐的牧场已经远近闻名，她出售的羊，是实实在在吃过三次夏牧草、长了六个牙的肥腴的羊。萨丽娃姐姐有了自己的广告词——养最有品质的羊。

⑭人们看见她家的牧场上盖起了铝合金的接羔棚圈，看到她家蒙古包后面停放着现代化的打草机，看到她家草场的高坡上安装着一排排太阳能蓄电池。萨丽娃姐姐的故事像珍珠那般滚动在草原上，人们传说着她那些有品质的羊卖出了好价钱。当家家户户都像萨丽娃姐姐那样牧养有品质的羊，萨丽娃姐姐长长地出了一口气，她终于把草原的春天从二月找了回来。

⑮春天依然晚晚地来，快快地走，却把希望和富足留在了呼伦贝尔草原上。萨丽娃姐姐唱的劝奶歌是老祖母在春天里传下来的，草原人那如云的羊群和飞驰的骏马是春天赐予的。是的，萨丽娃姐姐懂得这一点，在这个古老而崭新的时代里成为聪明智慧的人。

⑯萨丽娃姐姐的春天在呼伦贝尔草原上。

（选自《文汇报》2016年4月1日，有删改）

问：请赏析文中画线句子。

参考答案

本文运用了拟人、比喻、排比、夸张等修辞手法，突出了呼伦贝尔草原无霜期短暂的特点，生动形象地描绘了植物竞相生长的情景，赞美了大草原旺盛、顽强的生命力。

第四章　文学类文本创新题型

　　散文阅读和小说阅读中有很多题型是相似的，因此其答题方法也是相似的，所以我们可以将其放在一起学习。

　　本章为文学类文本创新题型，共6节："文学类文本构思技巧题""文学类文本叙事特点题""文学类文本实虚关系题""文学类文本显隐关系题""文学类文本散文化小说题""文学类文本文学短评题"。包括16种题型：构思技巧题、巧合作用题、误会作用题、叙事特点题、人称作用题、人称变换题、叙事顺序题、实虚关系题、真实性分析题、虚构性分析题、显隐关系题、以小见大题、详略关系题、散文化小说分析题、开放型文学短评题、限制型文学短评题。

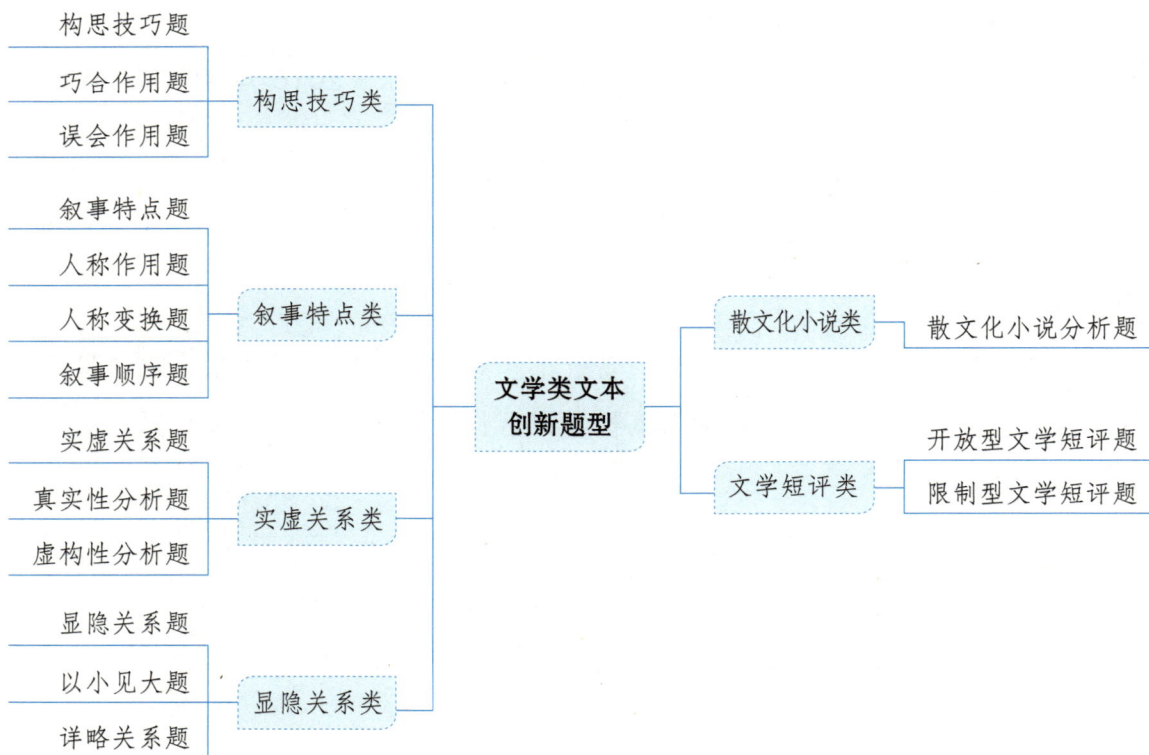

```
构思技巧题 ─┐
巧合作用题 ─┼─ 构思技巧类 ─┐
误会作用题 ─┘             │
                          │
叙事特点题 ─┐             │
人称作用题 ─┤             │
人称变换题 ─┼─ 叙事特点类 ─┤                          散文化小说类 ─── 散文化小说分析题
叙事顺序题 ─┘             ├─ 文学类文本创新题型 ─┤
                          │                          开放型文学短评题
实虚关系题 ─┐             │                文学短评类 ─┤
真实性分析题 ┼─ 实虚关系类 ─┤                          限制型文学短评题
虚构性分析题 ┘             │
                          │
显隐关系题 ─┐             │
以小见大题 ─┼─ 显隐关系类 ─┘
详略关系题 ─┘
```

第一节 文学类文本构思技巧题

端子曰 题型辨别

一、题干示例

（1）"误会"是本文的一大特征，请结合小说内容简要分析其作用。

（2）小说有多处"巧合"。请结合作品内容，简要分析这种情节安排技法的表达效果。

（3）小说的情节设置一波三折，结合文本简要分析。

（4）小说情节波折，叙述技巧颇有特点，结合文本赏析。

（5）小说在构思上很有特色，结合文本分析。

（6）这篇小说是如何谋篇布局的？

（7）这篇小说在谋篇布局上有什么特色？

二、题干总结

题干中要求分析文章的某种情节设计，如"误会""巧合""波折""多处伏笔""多处铺垫"等，或者要求分析文章的构思技巧、叙述技巧，或者要求分析文章在谋篇布局上的特点，由此可判定题目为构思技巧题。

> 这类题目，要么是整体考查通篇的构思技巧，要么是单独考查某种构思技巧。

端独家 答题要点

答题时，先总述文章的构思特点：文章结构设置上一波三折，富有波澜。

之后，再点出具体的构思技巧，常见的有进行铺垫、运用伏笔、设置悬念、设置误会、设置巧合、设置意料之外的情节、设置留白式结尾、设置线索。（速记口诀：

匍匐玄武桥意外留线索）

具体的答题语言如下：

一、多用铺垫

通过对……的描述，表现了……，为下文……做铺垫，使文章更加完整，更加合理。

二、善用伏笔

……表明（或暗示）……，为下文埋下伏笔，使文章前后照应，结构严谨。

三、设置悬念

悬念迭起，推动情节发展，引起读者的阅读兴趣。

常见的设置悬念的标志：①在开头或文中提出问题。②发生意外、离奇的事件。③刻画隐藏人物的形象。④使用倒叙的写作顺序。

四、设置误会

以人物对某一事实做出与真相相反或错误的判断为基础来演绎矛盾冲突，展示人物的多重性格。

五、设置巧合

借用生活中的偶然性事件，推动情节的发展，增加文章的起伏波澜。

六、情节意外、结尾意外

情节有助于表现主旨，给读者留下深刻印象。

七、结尾留白

让读者回味无穷，给读者留下想象的空间。

八、设置线索

以……为线索，贯穿全文，使文章结构紧密。

文章往往以事件或环境为铺垫。

文章往往以某处或几处细节描写为伏笔。

重点关注突如其来的情节和转折，意料之外、情理之中的结局。

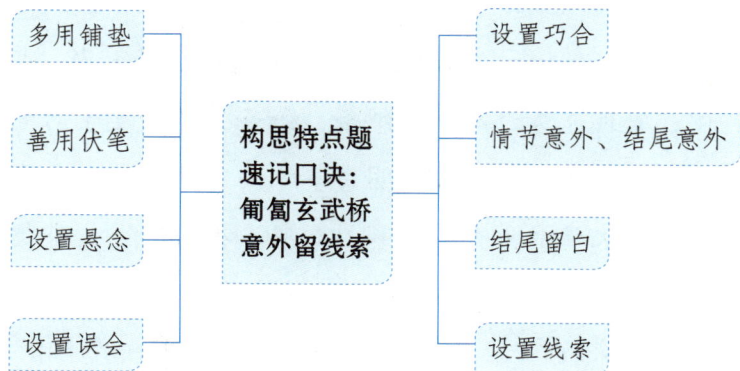

构思特点题
速记口诀：
匍匐玄武桥
意外留线索

多用铺垫

善用伏笔

设置悬念

设置误会

设置巧合

情节意外、结尾意外

结尾留白

设置线索

端**优选** 典型例题

阅读文章，回答问题。

城市人的压力

〔英〕克瑞斯·罗斯

①我在大街上走着，步履匆匆，因为我快要迟到了，但是我想不起来是被什么事耽搁了。我注意到我手中拿着一根香蕉，可是我不知道我为什么要拿着这根香蕉，只是隐约觉得这根香蕉对我十分重要，而且肯定与耽误我的事有关。

②然后，在一个拐弯口，我碰到了艾丝尔姨妈。这应该是一件很奇怪的事情，因为我已经有二十多年没有见过她了。"姨妈，你好。"我对她说，"我们已经有二十多年没有见面了！"艾丝尔姨妈见到我后并不惊奇。"小心你手中的香蕉！"她说。我大笑，因为我知道这是一根重要的香蕉，我会小心的。她提出与我同行，这让我很为难，因为我快要迟到了，必须加快步伐。艾丝尔姨妈走得实在太慢了。

③拐了一个弯，一头大象挡在我们面前。大象出现在别的城市的大街上也许不算是奇怪的事，可这是曼彻斯特呀！

④然而，不知为什么，我并没有感到奇怪。我想的是："糟糕，大象挡住了去路，我真的要迟到了，艾丝尔姨妈和我在一起，我手里还有一根重要的香蕉……"

⑤我十分着急，然后就醒了。

⑥"只是一个梦。"我长舒一口气，但还是觉得有些不可思议，怎么会梦到大象、香蕉和艾丝尔姨妈呢？收音机还在播放着节目，它每天早晨6点钟自动开启，起到闹钟的作用。我抬头看了一眼表，已经是7点7分了，我必须加快行动。我洗漱时听到一则新闻：一头大象从马戏团逃到大街上，给行人带来了许多麻烦。我恍然大悟，或许我是在半睡半醒的状态下听到了这则新闻的，然后就梦到了大象。

⑦我吃完早饭，准备去上班。我在一家电影公司上班，负责策划、创意、写剧本。我突然想，如果有一部关于大象出现在曼彻斯特大街上的电影，效果肯定会不错。

⑧我拿包的时候，发现包旁边有一张纸条，纸条上是我妻子的笔迹："下班回家时，不要忘了顺路买一些香蕉！"我忽然明白梦中的香蕉为什么是重要的东西。因为我妻子最近在减肥，好几次让我买香蕉回家，而我每次都忘了。我想，我今天肯定会把香蕉买回家的。

⑨在我刚出门时，手机响了。是我母亲的电话。"有一个坏消息，"母亲说，"你还记得你的艾丝尔姨妈吗？""记得。"我说，"不过，我已经有二十多年没有见过她了。""是的，她昨天晚上去世了。她两周前就病得卧床不起，我对你说过的。"奇怪的梦终于得到了解释。

⑩我匆匆赶路，但是发现我越是想走快，却走得越慢。我看了看手表，又发现了一个奇怪的事，手表的指针往逆时针方向旋转。"这很有意思。"我想，"如果手表是逆时针旋转，这说明我上班就不会迟到了……"然后，我又醒了。这太奇怪了。我拧了一下自己的胳膊，很疼，确定这一次不是在梦境里，而是真的醒了。时间是五点半，收音机还没有自动开启呢。我不会迟到。

⑪我看到了妻子，就问她："你今天还需要买香蕉吗？""为什么问我这个问题？"她显得很诧异。"我以为你要减肥呢。""减肥？"她说，"我胖吗？""哦，不……那么，你听说过大象的事吗？"我问。"大象？""对，一头大象从马戏团逃出来了。"

⑫"曼彻斯特没有马戏团，更没有大象。你怎么了？是不是工作压力太大？也许你需要在家里休息一下。"妻子说。"不过，我先要给母亲打一个电话。"我说。"现在才五点半，你为什么要去打搅母亲呢？"妻子不明白我的意思。"嗯，确实不是什么重要的事情。"我说。"好了，放松一点儿，行吗？"妻子说完就出去了。

⑬我立即给母亲打了电话。"妈妈。""哦，亲爱的，这么早打电话有什么事呀？""你还记得艾丝尔姨妈吗？""当然，不过，我已经有二十多年没有见过她了……""她还好吗？"我打断母亲。"我不知道，你怎么突然关心起她了？""哦，没什么，再见！"

⑭放下电话，我想，也许妻子说得对，我需要好好休息一天，于是我拨通了老板的电话。"是这样的，"我说，"我今天身体不舒服，可能是这几天策划剧本过于劳累了。""你病得真不是时候。"老板说，"我们刚刚有了一个很好的创意，我本想

今天和你好好谈谈的。这是一个动作片，故事情节也非常有意思。我简单说给你听一听：一头大象从马戏团逃到了一个大城市，它吃了一根被恐怖分子注射了放射性物质的香蕉后，变得焦虑暴躁……""我的艾丝尔姨妈什么时候在这部片中出现？""姨妈？什么姨妈？"老板很生气。我挂断了电话，希望这一切不过是一个城市人生活压力太大的症状。

（有删改）

问：这篇小说在叙述技巧上很有特色，请结合文本，谈谈你的理解。

端子曰 名师解析

这是一道构思技巧题。答题时，先总述文章的构思特点：文章结构设置上一波三折，富有波澜。之后，再点出具体的构思技巧，常见的有设置悬念、进行铺垫、运用伏笔、设置巧合、设置误会、设置意料之外的情节或结尾、设置留白式结尾。

具体来说："我"路遇种种怪事，快要迟到的经历原来只是个梦；以为找到了梦境中种种怪事的合理解释，却发现自己仍在梦中；醒来后得知梦中的解释并没有依据，却又与老板的创意不谋而合。由此可以总结出答题要点：一波三折、波澜迭起、突转频繁。

此外，开头写"我"在大街上遇到的种种怪事，设置了悬念，引发读者的阅读兴趣。文章中多处出现伏笔，如二十多年未见的艾丝尔姨妈见到"我"并不惊奇，"我"看到城市里出现大象也没有感到奇怪等都暗示了这一切不是真实的。文章结尾处，自己的梦境竟然与现实中老板剧本的创意不谋而合，但"我"又将梦境与老板的创意混为一谈，出人意料。同时，文章以"我"的梦境为线索串联，构思巧妙，逻辑清晰。

由上，可以总结相关答题要点。

参考答案

①善于设置悬念。开头写"我"在大街上遇到的种种怪事，引发读者的阅读兴趣。

②情节怪诞离奇。小说梦中有梦，情节怪诞离奇。

③故事情节一波三折（波澜迭起、突转频繁）。

④线索明晰。小说以"我"的怪梦为线索贯穿全文，故事情节围绕"香

蕉""大象"和"艾丝尔姨妈"铺设，清晰紧凑。

⑤伏笔设置巧妙。如二十多年未见的艾丝尔姨妈见到"我"并不惊奇，"我"看到城市里出现大象也没有感到奇怪，等等都暗示了这一切不是真实的。

⑥结尾出人意料，自己的梦境竟然与现实中老板剧本的创意不谋而合，但"我"又将梦境与老板的创意混为一谈，揭示了生活压力导致城市人精神恍惚的主题。

端演练 综合练习

阅读文章，回答问题。

材料一：

套不住的手

赵树理

①白云岗公社大磨岭大队有个教练组，任务是教初参加农业生产的人学技术，两个做活质量最高的老农民当教师，陈秉正兼任组长，王新春兼任副组长。组员是流动的，经常分配在各小队。

②组长陈秉正已经是七十六岁的老人了，按一般惯例，这样大岁数的人本来早就该不参加主要劳动，可是这老头身体特别强健，在年轻时候一个人可以抵一个半人做活；如今虽说老了，一般青年小伙子还有点儿比不上他。他教人做活，不但要求规格，而且要教架势。因为规则太多，徒弟们记着这样忘了那样，有时候腰太直了，有时候步子乱了，有时候下锄没有计划……陈秉正老人不住口地提醒着这一个，招呼着那一个，也常常随时打断他们的工作重新示范。

③徒弟们练架势练得累了，老组长陈秉正便让他们休息一阵子。自己就招呼梯田下边沟岸上教徒弟们种田地的副组长王新春过来闲谈一会儿。陈秉正一见王新春就伸出手来和他握手，王新春却常是缩回手去躲开。王新春比陈秉正小十来岁，和陈很友好，就是怕和他握手，因为被他握住就像被钳子夹住那样疼。

④陈秉正的手确实和一般人不同：手掌好像四方的，指头粗而短，而且每一根指头都展不直，里外都是茧皮，圆圈的指头肚儿都像半个蚕茧上安了个指甲，整个看来真像用树枝做成的小耙子。王新春对周围的青年人说："没有那两只手，咱们现在种

的这块地恐怕还是荒坡哩！这些地都是他老哥和咱们现在的大队长父子俩一攫头一攫头剜开、一条堰一条堰垒起来的。"

⑤一次，有个年轻人练架势练得不耐烦了，说："怨不得我们学不会，谁让我们没有长那样一双手哩！"陈秉正一本正经地说："是叫你们学成我这手，不是叫你们长成我这手！不是开山，我这手也长不成这样；不过上辈人把山都开了，以后又要机械化了，你们的手也用不着再长成这样了！"

⑥陈老人虽然不希望别人的手长成那样，可是他对他自己已经长成那样的一双手，仍然觉着是足以自豪的。土改以后，陈秉正老汉家里的收入也丰裕起来了。儿孙们为了保护老人那双劳苦功高的手，给他买了一双毛线手套，他接过来一看说："这双手可还没有享过这个福！"向手上试着套了一套，巴掌不够宽，指头也太细、太长，勉强套上去，把巴掌那一部分撑成方的了，指头的部分下半截都撑粗了一点儿，上半截却都还有个空尖儿。儿子陈满红说："慢慢用着就合适了！"老人戴好了握了握，伸了伸说："还好！"说罢，脱下来交给满红媳妇说："暂且给我放过去吧！"儿媳妇也说："爹！你就戴上走吧！到地里手不冷？"老人说："戴上它搬石头不利落！"说着就放下走了。

⑦以后别的活儿又陆续接上来——铡干草，出羊圈，窖萝卜，捶玉米……哪一种活儿也不好戴着手套做，老人也就忘了自己还有一双手套。

⑧一天，白云岗有个物资交流会。满红媳妇劝老人说："现在这些杂活计又不用您教多少技术，您还是休息一天去逛逛吧！"老人答应了。老人换了一件新棉袄，用新腰带束住腰。满红媳妇说："这回可戴上您的手套吧！"说着把手套给他拿出来，他戴上走了。

⑨他走到白云岗，逛了半条街，刚走过公社门口，看见山货部新运来一车桑杈，售货员忙着正往车下搬。这东西在这地方已经两年不见了，不论哪个队原有的都不够用。他以为机会不可错过。转眼工夫，就来了十来个人，每人拿着一柄看；见买杈的越来越多，他把手套卸下来往怀里一装，胡乱抢到手五柄，其余的就叫别人拿完了。他付了钱，把杈捆起来扛上，就返回原路走出白云岗村。一出了村，他觉人也不挤了，路也宽敞了，这才伸手到怀里摸他的手套。他摸了半天只有一只；放下篮子和桑杈，解开腰带抖擞了一下，也仍然不见那一只。他知道一定是丢在山货部里了。他想："丢就丢了吧！拿上它也没有多少戴它的时候！"可是走了不几步，就又想到"孩子们好心好意给买上了，丢了连找也不找一趟，未免对不起他们"，这才又扭回

头来重新返回白云岗物资交流大会上的山货部来。幸而售货员早已给他拾起来放在账桌上，见他来找就还了他。

⑩隔了好久，陈秉正老人又被评选为本年的劳动模范，要到县里去出席劳模大会。他除换上新棉袄和新腰带外，又把他的手套戴上。

⑪会议一共开三天半，老人又是听报告，又是准备发言，和大家一样忙个不了，直到第四天上午听罢了县委的总结报告，才算了结了一宗事。下午吃过午饭，人们差不多都想上街逛逛，老人束上腰带，戴上手套，也走出了房间。他住的招待所因为刚刚装修完，院子还来不及清理。院里有两截剩余木料碍着路，他总觉着不太顺当。他想："把它转过一边不就好走了吗？"他把手套卸下来放在台阶上，就来动手转木料。等到把院子都清理完了，才发现手套又丢了。"算了，不找它了！这手套对我也没多大用处！"老人干脆放弃了。后来还是招待所的员工帮他找到，洗干净还给了他。

⑫第二天他回到家，换过衣服之后便把手套还给儿媳妇说："这副手套还给你们吧！我这双手是戴不住手套的！"

（有删改）

材料二：

①我也曾写过一些篇小说，都不怎么出色。每逢读到赵树理同志的小说，我总得到一些启发，学到一些窍门儿。最近，看到他的一篇新作——《套不住的手》，满心欢喜，情不自禁地想写出点儿个人的体会。

②作品文字极为朴素严整，相当细致地描写了不少农村劳动的经验，这些经验非久住农村而又热爱耕作的人不会写出。不过，假若不拿一双手套贯串起来，恐怕就显得琐碎一些。这双手套把零散的事情连缀起来，有起有落，颇为巧妙。事情本来不相干，而设法用一条线穿上，就显出些艺术的手段。我看得出：树理同志知道多少关于老农陈秉正的事，假若他高兴，他可以写一大本《老农陈秉正传》。可是，他只由手套写到老人的手。有了这双手，我们也就看见陈老人的最可爱的性格与品质。这也就够了，既不需要手套，也无须写一本传记。不过是一双手啊，可是创造世界的不是别的，而的的确确是仗着这么一双手。这篇作品不是小题大做，而是大题小做，篇幅不长，而意义很大。

（摘自老舍《读〈套不住的手〉》，有删改）

问：老舍读赵树理的小说，总能"学到一些窍门儿"。请结合材料一，分析作者在谋篇布局上的"窍门儿"。

参考答案

①设置悬念。标题"套不住的手"，设置悬念，让读者对这双手产生"为何套不住"的思考，引发了读者的阅读兴趣。

②情节一波三折。文章以"手"为线索展开，先是家人为保护他的手而买手套给他，然后他为了干活而忘戴手套，接着因为戴了手套而丢了手套，最后回家后归还手套。两次戴手套，两次丢手套的零散事情连缀起来，有起有落，颇为巧妙。

③伏笔照应。文章一开篇就交代了陈秉正虽是七十六岁的老人，但身体特别强健，连王新春都怕和他握手，最后交代了他的双手是因劳作而粗糙，塑造了勤劳朴实的劳动人民形象。

④结尾突转。陈秉正老人最后把手套还给了儿媳妇，并表示"我这双手是戴不住手套的！"结局出人意料，又在情理之中，塑造了一个平凡而崇高的劳动者形象。

第二节 文学类文本叙事特点题

端子曰 题型辨别

一、题干示例

（1）分析本文叙述上的特征。

（2）本文在叙事上有什么特点？请结合文本简要分析。

（3）本文以对话展开叙事有什么好处？

（4）本文采用倒叙的形式有什么好处？

二、题干总结

题干中要求分析文章在叙述上或叙事上有何特点或特征，即可判定题目为叙事特点题（整体考查）。此外，有些题目会要求分析某种叙事方法的好处和妙处，如倒叙的好处、对话的好处、某种人称的好处等，也可以判定为叙事特点题（部分考查）。

> 这类题目，要么要求分析通篇的叙事特点，要么要求分析某种叙事技巧。

端独家 答题要点

叙事特点题，涉及的答题要点众多，总结而言，包括叙述人称、叙述视角、叙述顺序、叙述手法、叙述语言、叙述形式、线索设置。（速记口诀：人事顺手鱼腥线）

一、叙述人称

（1）在人物上：塑造人物形象，强化人物关系。

（2）在情节上：作为线索人物，推动情节发展。

（3）在环境上：呈现故事场景，表现环境特点。

（4）在主旨上：抒情或议论。

（5）叙述人称的好处。

第一人称：①见证者或叙述者，具有亲历性和真实性；②表达上便于议论或抒情。

第二人称：①形成对话感，拉近与读者的距离，表达亲切自然；②表达上便于议论或抒情。

第三人称：①行文自由灵活，便于展现故事全貌；②表达上客观冷静；③便于评价。

注意：不同人称转换的作用。

①第一人称、第二人称、第三人称本身的特点。

②人物上：多角度塑造人物形象，使人物形象更立体；突出人物的变化；强化人物之间的关系。

③情节上：丰富文本内容，多角度或全方位呈现事件，使事件描述更完整。

④主旨上：从不同角度展现作品主题，深化文章主旨。

> 注意同一文章或同一文段中人称不断转换的作用和效果。

⑤环境上：场景转换，丰富文本内容。

⑥效果上：叙述自然流畅，真实、亲切；叙述节奏缓急有序；吸引读者，引发读者强烈共鸣；设置悬念，吸引读者……

二、叙述视角

（1）受限视角：第一人称视角、第二人称视角。

（2）全知视角：第三人称视角。

（3）身份视角：不同身份有不同的视角特点。

> 重点关注儿童视角。高考中考过好多次！

①儿童：天真活泼、单纯懵懂、不谙世事。

②老人：阅历丰富、睿智深沉、见证历史。

③母亲：温柔有爱、爱意深沉、无私奉献。

④军人：冷峻硬朗、勇担重任、爱国爱民。

三、叙述顺序

（1）顺叙：使文章逻辑顺畅、脉络清晰、结构分明。

（2）倒叙：设置悬念，吸引读者；文章叙述有波澜，增加可读性。

（3）插叙：使情节有波澜，避免平铺直叙；丰富文本内容（人物、背景、因果）等；结构更加完整（照应、伏笔、铺垫等）。

> 注意表时间顺序、空间顺序、事情发展顺序等的基本答题语言。

四、叙述形式

（一）日记形式

作用：①日记具有真实性，是对日常经历的记录。②日记具有私密性，可展示人物丰富的心理活动。③日记具有议论性或抒情性，作者可以借日记主人公之口表达对社会的看法，宣泄自己的情感，彰显小说主题。

（二）书信形式

作用：①情节方面，丰富内容，详述事件，推动发展，承上启下。②人物方面，丰富人物形象，点明人物关系，表达人物情感。

（三）对话形式

作用：①情节方面，内容集中紧凑，发展自然流畅。②人物方面，交代人物身份，凸显人物个性。③主题方面，揭示小说主旨，逐步升华情感。④读者方面，使读者产生共情，感受到对话人物的口吻、神态及心理等，产生身临其境的感觉。

（四）内心独白形式

内心独白形式，即心理描写的表现形式。作用：直接表现人物的心理活动和情感变化。

（五）讲述形式

跟随着……的讲述展开，使故事叙述完整紧凑、流畅自然。

五、叙述手法

（1）记叙与描写相结合：场景描写、细节描写。

（2）记叙与议论相结合：夹叙夹议。

（3）丰富文本内容，使小说叙述节奏紧凑或舒缓。

（4）文体风格：荒诞、散文化、诗化等。

六、叙述语言

（1）文章运用生活化语言，平白质朴，易于理解。

（2）文章运用地方化语言，彰显人物特色，凸显地域风貌。

（3）文章运用诗化语言，富有文学气息，具有诗意美。

（4）文章运用散文化语言，形式自由灵活，具有意境美。

七、线索设置

以……为线索，贯穿全文，使文章结构紧密。

文章若为双线索，全部答出；若为明线索和暗线索，也全部答出。

回答更为复杂的题目时，也要考虑上一节中所讲到的构思技巧，如设置悬念、进行铺垫、运用伏笔、设置留白式结尾等。

叙事特点题速记口诀：人事顺手鱼腥线

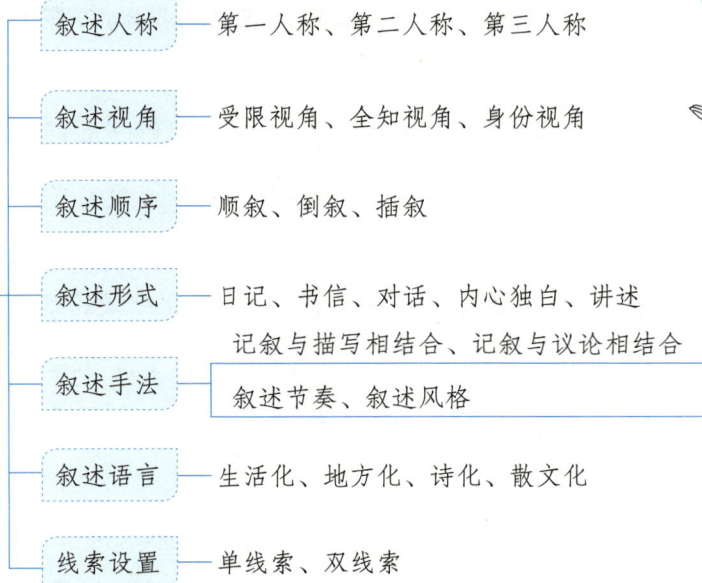

- 叙述人称 —— 第一人称、第二人称、第三人称
- 叙述视角 —— 受限视角、全知视角、身份视角
- 叙述顺序 —— 顺叙、倒叙、插叙
- 叙述形式 —— 日记、书信、对话、内心独白、讲述
- 叙述手法 —— 记叙与描写相结合、记叙与议论相结合、叙述节奏、叙述风格
- 叙述语言 —— 生活化、地方化、诗化、散文化
- 线索设置 —— 单线索、双线索

端优选 典型例题

（2019年浙江）阅读文章，回答问题。

呼兰河传（节选）

萧 红

①邻居家磨坊里边住着冯歪嘴子。

②那磨坊的窗子临着我家的后园。我家的后园四周的墙根上，都种着倭瓜、西葫芦或是黄瓜等类会爬蔓子的植物；倭瓜爬上墙头了，在墙头上开起花来了，有的竟越过了高墙爬到街上去，向着大街开了一朵火黄的黄花。

③因此那磨坊的窗子上，也就爬满了那顶会爬蔓子的黄瓜了。黄瓜的小细蔓，细得像银丝似的，太阳一来了的时候，那小细蔓闪眼湛亮，那蔓梢干净得好像用黄蜡抽成的丝子，一棵黄瓜秧上伸出来无数的这样的丝子。丝蔓的尖顶每棵都是掉转头来向回卷曲着，好像是说它们虽然勇敢，大树、野草、墙头、窗棂，到处地乱爬，但到底

它们也怀着恐惧的心理。

④太阳一出来了，那些在夜里冷清清的丝蔓，一变而为温暖了。于是它们向前发展的速率更快了，好像眼看着那丝蔓就长了，就向前跑去了。因为种在磨坊窗根下的黄瓜秧，一天爬上了窗台，两天爬上了窗棂，等到第三天就在窗棂上开花了。

⑤再过几天，一不留心，那黄瓜梗经过了磨坊的窗子，爬上房顶去了。

⑥后来那黄瓜秧就像它们彼此招呼着似的，成群结队地就都一齐把那磨坊的窗给蒙住了。

⑦从此那磨坊里边的磨倌就见不着天日了。磨坊就有一张窗子，而今被黄瓜掩遮得风雨不透。从此那磨坊里黑沉沉的，园里，园外，分成两个世界了。冯歪嘴子就被分到花园以外去了。

⑧但是从外边看起来，那窗子实在好看，开花的开花，结果的结果。满窗是黄瓜了。

⑨还有一棵倭瓜秧，也顺着磨坊的窗子爬到房顶去了，就在房檐上结了一个大倭瓜。那倭瓜不像是从秧子上长出来的，好像是由人搬着坐在那屋瓦上晒太阳似的。实在好看。

⑩夏天，我在后园玩的时候，冯歪嘴子就喊我，他向我要黄瓜。

⑪我就摘了黄瓜，从窗子递进去。那窗子被黄瓜秧封闭得严密得很，冯歪嘴子用手扒开那满窗的叶子，从一条小缝中伸出手来把黄瓜拿进去。

⑫有时候，他停止了打他的梆子。他问我，黄瓜长了多大了？西红柿红了没有？他与这后园只隔了一张窗子，就像关着多远似的。

⑬祖父在园子里的时候，他和祖父谈话。他说拉着磨的小驴，驴蹄子坏了，一走一瘸。祖父说请个兽医给它看看。冯歪嘴子说，看过了，也不见好。祖父问那驴吃的什么药，冯歪嘴子说是吃的黄瓜子拌高粱醋。

⑭冯歪嘴子在窗里，祖父在窗外，祖父看不见冯歪嘴子，冯歪嘴子看不见祖父。

⑮有的时候，祖父走远了，回屋去了，只剩下我一个人在磨坊的墙根下边坐着玩，我听到了冯歪嘴子还说：

⑯"老太爷今年没下乡去看看哪！"

⑰有的时候，我听了这话，我故意地不出声，听听他往下还说什么。

⑱有的时候，我心里觉得可笑，忍也不能忍住，我就跳了起来了，用手敲打着窗子，笑得我把窗上挂着的黄瓜都敲打掉了。而后我一溜烟地跑进屋去，把这情形告诉了祖父。祖父也一样和我似的，笑得不能停了，眼睛笑出眼泪来。但是总是说，不要

笑啦，不要笑啦，看他听见。有的时候祖父竟把后门关起来再笑。祖父怕冯歪嘴子听见了不好意思。

⑲秋天，大榆树的叶子黄了，墙头上的狗尾草干倒了，园里一天一天地荒凉起来了。

⑳这时候冯歪嘴子的窗子也露出来了。因为那些纠缠缠的黄瓜秧也都蔫败了，舍弃了窗棂而脱落下来了。

㉑于是站在后园里就可看到冯歪嘴子，扒着窗子就可以看到在拉磨的小驴。那小驴竖着耳朵，戴着眼罩，走了三五步就响一次鼻子，每一抬脚那只后腿就有点儿瘸，每一停下来，小驴就用三条腿站着。

㉒冯歪嘴子说小驴的一条腿坏了。

㉓这窗子上的黄瓜秧一干掉了，磨坊里的冯歪嘴子就天天可以看到的。

㉔冯歪嘴子喝酒了，冯歪嘴子睡觉了，冯歪嘴子打梆子了，冯歪嘴子拉胡琴了，冯歪嘴子唱唱本了，冯歪嘴子摇风车了。只要一扒着那窗台，就什么都可以看见的。

㉕一到了秋天，新鲜黏米一下来的时候，冯歪嘴子就三天一拉磨，两天一拉黏糕。黄米黏糕，撒上大芸豆，一层黄，一层红，黄的金黄，红的通红。三个铜板一条，两个铜板一片地用刀切着卖。愿意加红糖的有红糖，愿意加白糖的有白糖。加了糖不另要钱。

㉖冯歪嘴子推着单轮车在街上一走，小孩子们就在后边跟了一大帮，有的花钱买，有的围着看。

㉗祖父最喜欢吃这黏糕，母亲也喜欢，而我更喜欢。母亲有时让老厨子去买，有的时候让我去买。

㉘不过买了来是有数的，一人只能吃手掌那么大的一片，不准多吃，吃多了怕不能消化。

㉙祖父一边吃着，一边说够了够了，意思是怕我多吃。母亲吃完了也说够了，意思是怕我还要买。其实我真的觉得不够，觉得再吃两块也还不多呢！不过经别人这样一说，我也就没有什么办法了，也就不好意思喊着再去买，但是实在话是没有吃够的。

㉚当我在大门外玩的时候，推着单轮车的冯歪嘴子总是在那块黏糕上切下一片来送给我吃。于是我就接受了。

㉛当我在院子里玩的时候，冯歪嘴子一喊着"黏糕""黏糕"地从大墙外经过，

我就爬上墙头去了。

㉜因为西南角上的那段土墙，因为年久了出了一个豁，我就扒着那墙豁往外看着。果然冯歪嘴子推着黏糕的单轮车由远而近了。来到我的旁边，就问着：

㉝"要吃一片吗？"

㉞而我也不说吃，也不说不吃。但我也不从墙头上下来，还是若无其事地待在那里。

㉟冯歪嘴子把车子一停，于是切好一片黏糕送上。

（选自《呼兰河传》第七章，有删改）

问：分析本文叙述上的特征。

端子曰 名师解析

由原文"有的时候，我听了这话，我故意地不出声，听听他往下还说什么""有的时候，我心里觉得可笑，忍也不能忍住，我就跳了起来了，用手敲打着窗子，笑得我把窗上挂着的黄瓜都敲打掉了"可知，文章通过孩子的视角，呈现了天真有趣、温暖美好的一面。

文章按照从夏天到秋天的时间顺序自然展开，叙述散文化，节奏舒缓。由原文"从此那磨坊里边的磨倌就见不着天日了。磨坊就有一张窗子，而今被黄瓜掩遮得风雨不透。从此那磨坊里黑沉沉的，园里，园外，分成两个世界了"可知，文章注重场景的细节描绘，细腻、生动、传神。

参考答案

①用第一人称，显得真实、自然、亲切。

②通过孩子的视角，呈现了天真有趣、温暖美好的一面。

③按照时间顺序自然展开，叙述散文化，节奏舒缓。

④注重场景的细节描绘，细腻、生动、传神。

端演练 综合练习

阅读文章，回答问题。

别 茶

刘 帆

①钱之江从小就想去看茶。

②有一年，香江天气闷热，罗湖桥一带却异常热闹。

③听说部队就要从鹏城移防过罗湖桥了，钱之江的心提了起来。爷爷说四十八年前，也有一支部队过江，粗布军衣，打着背包，在南京路上枕着马路沿睡了一宿，有起得早的富商巨贾，推门一看，都大吃一惊！

④钱之江的爷爷在他小时候一再讲这个故事，还说一辈子都没有见过这么仁义的部队。

⑤钱之江印象深刻。爷爷从来没有这么眉飞色舞过。

⑥钱江纱厂公私合营后，爷爷沪港两头跑，后来常驻港岛，生意继续，家里时常来人，讲的话与岛上的人不一样。钱之江就觉得，说话的人，讲国语，他们说的江南水乡，钱之江没去过，倒是课本上白乐天的诗"江南好，风景旧曾谙。日出江花红胜火，春来江水绿如蓝，能不忆江南？"钱之江至今记得。

⑦爷爷说："江南塞北，青山依旧在，几度夕阳红。有机会你可以去看看。"

⑧去看看江南塞北，这是钱之江一直的梦想。

⑨人们说，去看江南塞北，要过桥，过罗湖桥。

⑩钱之江好想去。刚开始年龄小，去不了；等长大了，又念书，仍去不了；再大一点儿，去了英国，还是去不了。钱之江就想："等我能够经济独立的时候，就自己去。爷爷说过，江南的水，江南的茶，你带一点儿回到香江。"

⑪钱之江终于来了，问茶，看茶。下榻的酒店在春江路，虽然距离香江不过一百七十多里，但是自从爷爷腿脚不方便后，又是十年光景。钱之江下榻的房间里有一张太师椅，斜卧在那里，似乎在诉说着什么。

⑫钱之江离开洁白的床，踱步到落地窗前，远处高楼林立，阳光恰到好处地倾泻在楼宇和树叶上，此刻，他只想静静地待一会儿。

⑬他俯瞰城市，蓦然发现，一缕香气氤氲。茶几上，一杯清茶香气袅袅。钱之江回头，知道茶是碧螺春，产于太湖边的吴县，爷爷生于斯。多年来，受爷爷影响，他对这款茶也是情有独钟。

⑭"洞庭无处不飞翠，碧螺春香万里醉。"钱之江侧过身子，单手倚在窗前，目光灼灼，仿佛入定一般站在那里。爷爷曾说，几声鸡叫啼亮，湖山醒来，晨雾弥漫，采茶姑娘踏着朝霞，成群结伴，向山上的茶园走去。钱之江似乎看到了，那些时光，空中弥漫着淡淡的花香，青翠欲滴的茶树丛中，采茶姑娘们神采飞扬，灵巧的双手敏捷地从茶树上摘下片片嫩芽，俊美的身影穿梭在绿树间，江南美丽动人的图画蓦然在眼前。

⑮钱之江决定明天就飞往那里，看那入夜万家灯火的山村。此行，考察茶道，钱之江曾在《诗经》中体验"采茶薪樗，食我农夫"。爷爷说沧桑世事，除了采茶外，制茶还要经过蒸、捣、拍、烘等工序，"故情周匝向交亲"，茶人的感情完全因为人茶彼此交往才显得亲密。

⑯钱之江端起茶杯，眼睛一动不动：不寄他人先寄我，应缘我是别茶人。青螺入水，叶芽伸展，茸毛轻舒，嫩绿透亮，姿态动人。

⑰"你说嘛，明天的行程。"钱之江的妻子，声音很好听。"爷爷说吴侬软语，不要忘记了。绵软润滑，有酥糖的味道吧？"钱之江瞅着妻子，马上高兴地问，"你到过江南吗？"

⑱"结婚这么多年，你今天才这样问我。姑苏的报恩寺，你知道吗？在那里，我是个采茶女。有空一定要去那个地方。"

⑲"报恩寺。名字真好。"

⑳钱之江品了一口茶，微笑地望着妻子，似乎沉浸在某种幸福的回忆里。妻子的脸上好像升腾起一朵红云，在柔和的灯光下魅力无限。

㉑钱之江动容了："多好啊！有你这样懂茶道的妻子。"

㉒钱之江说完，准备去拉妻子，这才发现太师椅上空空如也，只有茶几上茶叶飘香，依然绿意盎然，香气袅娜。

㉓妻子在哪？钱之江一惊，及至愕然醒悟，方知妻子并未随行，只是那洁白的茶杯上的仕女，活脱脱一个采茶女。

㉔钱之江太容易失神了。爷爷曾说："内地是魂牵梦萦的地方，你一定要去。"

㉕钱之江，站了多久？直到夕阳西下，明月初升。不能再待了！

㉖次日一早，钱之江收拾行囊，中午就到了梦幻的老姑苏。白墙黛瓦，护城河，老城墙，石板街，转个弯，钱之江在院中摆了一张桌子，邀请来的几个人团团围坐，一套青花瓷茶具，七八十度的温开水，放入一小撮春茶。茶叶如青螺入

水，旋转着飞速下沉。新朋旧友，相聚茶园，品茶谈心，那份咿呀呀的小调就落到了茶里……

（选自《小小说选刊》2020年第14期，有删改）

注：①别茶，鉴别茶叶，"别"是"鉴别"的意思。②鹏城：深圳的别称。

问：文章是怎样叙述"别茶"的故事的？这样写有什么好处？

参考答案

①以"想去看茶"为线索，贯穿全文内容，高度浓缩了两代人几十年的人生，脉络清晰。

②文中插叙了爷爷相关的经历，既体现了爷爷的思乡情怀，又强化了钱之江想去看茶的原因，从而揭示了做人要有家国情怀的主题。

③多用心理描写，使叙事更加集中并能更准确地展现人物的心理活动。

第三节 文学类文本实虚关系题

端子曰 题型辨别

一、题干示例

（1）（2019年全国Ⅰ卷）《理水》是鲁迅小说集《故事新编》中的一篇，请从"故事"与"新编"角度简析本文的基本特征。

（2）（2018年全国Ⅰ卷）小说中历史与现实交织穿插，这种叙述方式有哪些好处？请结合作品简要分析。

（3）（2018年全国Ⅲ卷）结合本文，谈谈科幻小说中"科学"与"幻想"的关系。

（4）（高考模拟）请结合选文及"相关链接"，就小说创作中艺术真实与事实的关系谈谈你的看法。

（5）（高考模拟）荒诞文学往往是通过对社会现实的变形来反映生活真实，请从"荒诞"与"真实"两个角度结合作品做简要分析。

（6）（高考模拟）本文花了近半的篇幅描写了一场梦，作者为什么要设计这样一场梦？

（7）（高考模拟）小说画线部分写了旁观者幻想自己在做报告，试结合全文，探究其用意。

（8）（高考模拟）第12段的幻境，是现实中从未出现过的，文章却对它做了详尽的叙说，作者的用意是什么？

> 常见的虚写方式有梦境、虚构、科幻、荒诞等。

二、题干总结

题干中出现"历史真实与文学处理""现实真实与虚构处理"等关键信息，要求分析其表现或好处，则可判定题目为实虚关系题（整体考查）。有些题目要求分析文章中的"真实"或"虚构"，也可判定为实虚关系题（部分考查）。

端独家 答题要点

若为对实虚关系的整体考查，答题时要分析"实"在哪里，"虚"在哪里，"实虚"关系如何，"实虚"作用如何。

一、"实"在哪里

文中的……（人物特点、人物关系、情节事件、环境细节等）具有现实依据或与现实高度相契合。

二、"虚"在哪里

虚拟了……环境（总结环境特点）；虚构了……人物（总结人物特征和人物关系）；想象了……事件（总结主要情节事件），内容奇特，带有明显的虚构性。

三、实虚关系

"实"是"虚"的现实基础，……增强了作品的现实意义；"虚"是对"实"的想象虚构，……增强了作品的……（特点）。

注意：不同的虚实类型有不同的答题语言。

【现实和梦境】现实是梦的起因，梦境是对现实的反映。梦境与现实呼应或梦境与现实形成反差，增强了感染力，增加了浪漫色彩。

【历史与虚构】历史是虚构的依据，增强了历史韵味和真实性；虚构是合理想象，丰富了人物形象、情节内容，引发读者对历史的思考，增强了文学艺术性。

【科学与幻想】科学是幻想的现实基础；幻想是未来的可能性，是对科技的扩展和突破。科幻文中的幻想是将科学精神与人文关怀相结合，表达人文情怀。

四、实虚作用

"虚"与"实"的结合，塑造了鲜明的人物形象，塑造了文章独特情节，深化了文章……的主旨，引起读者的思考（感悟、兴趣）。

注意：对实虚关系的部分考查，若题干要求分析其"实"，答题时要分析"实"在哪里，"实"的作用；若题干要求分析其"虚"，答题时要分析"虚"在哪里，"虚"的作用。答题时，需要概括内容、"实"或"虚"的作用及效果。

附：文学类文本的真实性和虚构性答题语言。

（一）文学类文本的真实性

（1）人物形象或人物关系以现实为依据。

（2）情节发展符合现实发展逻辑。

（3）环境真实可感，符合……时代特点。

（4）思想主旨符合时代特征，具有现实意义。

（5）语言运用符合时代特点或地域特征。

（6）特定手法的运用增强了文章的真实性，如使用第一人称，有限的叙述视角，书信体、访谈录等叙述形式。

（二）文学类文本的虚构性

（1）环境的虚构。虚拟了……环境。

（2）人物的虚构。虚构了……人物。

（3）事件的虚构。想象了……事件，内容奇特，带有明显的虚构性。

（4）特殊的处理。如加入了梦境、幻境，或加入了科幻化的想象、荒诞化的处理等。

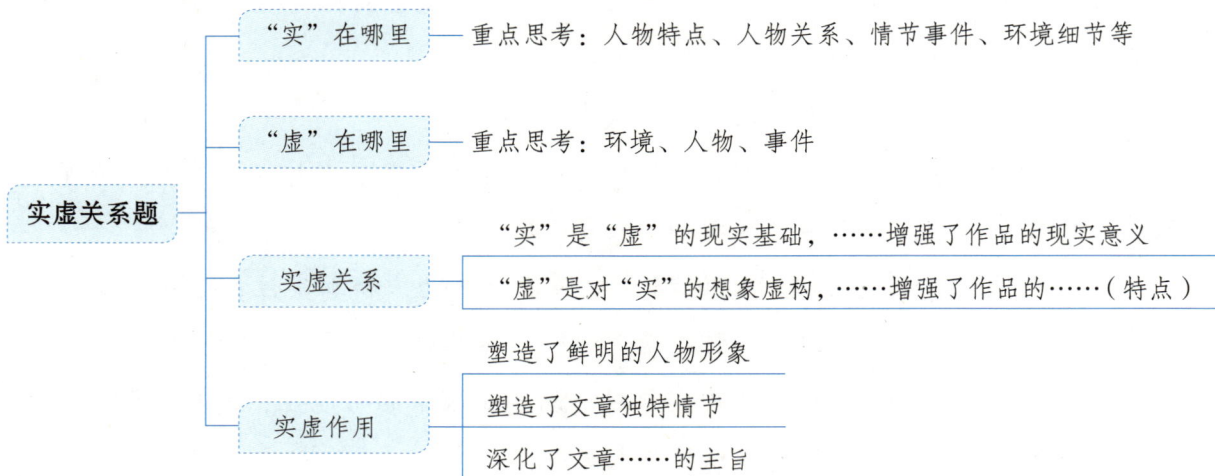

实虚关系题
- "实"在哪里 —— 重点思考：人物特点、人物关系、情节事件、环境细节等
- "虚"在哪里 —— 重点思考：环境、人物、事件
- 实虚关系
  - "实"是"虚"的现实基础，……增强了作品的现实意义
  - "虚"是对"实"的想象虚构，……增强了作品的……（特点）
- 实虚作用
  - 塑造了鲜明的人物形象
  - 塑造了文章独特情节
  - 深化了文章……的主旨

端优选 典型例题

阅读文章，回答问题。

踏莎行

寇俊杰

①阴雨蒙蒙，芳草萋萋。开封通往陕州的官道更加泥泞，两辆驴车在湿滑的道路上艰难前行。

②突然，前面的驴车陷进了泥坑，车夫挥鞭抽打毛驴，可任凭毛驴怎样使劲儿，木轮车像是被泥水吸住一样，就是出不了泥坑。寇准挑起轿帘说："寇安，别打了，还是我下来推吧！"寇安没法，只好也下来和寇准以及后面车上的两个随从

一起推车。无奈还是车重人少，力量不够，使足了劲儿也没能把车子推出泥坑。寇准说："不行就先把车上的书卸下。"寇安说："大人，那是你的心头肉啊！怎么舍得弄脏？"大家一筹莫展之际，路过的几个村民走过来，有人施礼问："是宰相寇准寇大人吗？""正是，但我现在已不是宰相了。""我们听说大人没有因为澶渊之盟受到封赏，反而被贬陕州，此是必经之地，故有此一问。"他对其他村民说："我们帮帮寇大人吧！"然后大家一齐用力，终于把寇准的驴车推出了泥坑。寇准再三相谢。村民说："寇大人澶渊之功，让中原百姓免受战乱之苦，我们老百姓还不知怎样感谢寇大人呢。"

③寇准重新上车的时候，已是满身的泥水。车内的宋夫人用毛巾给寇准擦着脸上的汗水和雨水，心疼地说："原来在京师哪有这样的路？看你现在头发都开始白了，还要出来遭受这样的罪，你要是能把自己的性子收敛一些，何来被贬呢？"

④寇准说："社稷为重，君为轻。我的所作所为只要对得起天下百姓就行了。"

⑤宋夫人说："可你分不清君子和小人，把小人得罪了，他们就会为私怨而报复。我听女婿王曙说，这次就是王钦若在皇上面前说你是拿皇上的性命做赌注，澶渊一仗胜是侥幸，如若败了，他的命就没了，皇上这才把你贬出京师的。"

⑥寇准微微一笑说："王曙是怎么知道的？"

⑦"他和皇上的内侍周怀政关系很好，是周怀政亲耳听到王钦若对皇上说的，还说你居功自傲，到处宣扬说没有你寇准，就没有大宋的江山——他这是诬告啊！"

⑧"再泥泞的路，太阳一出来就晒干了。"寇准说，"你看刚才村民为我推车，多好啊！若是奸臣，他们会这样做吗？"

⑨"不过你也别锋芒太露，出头的檩条先烂，想当年，你和太宗意见不合，太宗说不过你，生气地要拂袖而去，你竟然当着满朝文武的面拽住他的衣服不让走，直到把他说服才罢休！俗话说，君叫臣死，臣不得不死！你这是往死路上走哇！得亏太宗英明，不但没杀你，还把你比作魏征！"

⑩寇准只是得意地嘿嘿笑着，并不说话。

⑪宋夫人又说："不过，终归是伴君如伴虎。你这是第三次被贬了吧？皇上是个好皇帝，就怨你太耿直，连皇上的面子也不给。特别是上次被贬，有人揭发你酒后说了太宗的坏话，太宗不信，找你问一下。按说太宗也没当真，你随便找个理由太宗就能原谅。可你就是不辩解，不知道借坡下驴，太宗给你梯子你也不要。人家是皇帝，你'将'人家的军，结果被贬到了邓州。你这不是自己找麻烦吗？"

⑫寇准说："我喝完酒后可能真说了太宗的坏话，但那是太宗有不对的地方。大丈夫做事就要敢作敢当！我不后悔！"

⑬"唉！"宋夫人叹了一口气，"今上能当皇帝，你本是立了大功的；澶渊之盟，你也是立了大功的。可皇上就怕功高震主，你本该急流勇退，但你非但没有，还不知收敛锋芒，皇上这才免了你的宰相之职，把你贬往陕州。不过这样也好，朝中是非太多，你当个地方官，陕州离我们老家又近，我们还能过个安心日子呢。再不必像以前一样……"

⑭"踏莎行"，寇准的脑海里忽然闪出这样一个词牌名。他叫寇安停车，从箱子里拿出笔墨纸砚，然后铺纸磨墨。他略一沉思，笔走龙蛇，写下了一首《踏莎行》的词："春色将阑，莺声渐老，红英落尽青梅小。画堂人静雨蒙蒙，屏山半掩余香袅。密约沉沉，离情杳杳，菱花尘满慵将照。倚楼无语欲销魂，长空黯淡连芳草。"

⑮宋夫人本想寇准写的是反思过去，从此要淡出朝廷视野，远离政治旋涡的意思，没想到看了寇准的《踏莎行》，写的却是难离难别、情深意切的"情诗"。她的眼泪一下子涌了出来，她知道，要想让寇准抛弃自己的信念真是太难了。如果皇帝用他，再危险他还是要回去的，可他又不会曲意逢迎，个性又那么张扬，虽然皇帝信任，但他由着自己性子来的做法，就是有一副好牌，也会叫他打得稀里哗啦甚至是性命不保！

⑯宋夫人含着泪看着寇准，寇准拉住夫人的手，坚定地点了点头。夫人知道，今后摆在他们面前的，将会是一条更加艰险的道路！

（有删改）

编者注：《踏莎行》（春色将阑）实际写于宋太宗淳化二年（991年），当时寇准被太宗贬为青州知府，赴职之际，写下了这首词。《宋史·列传四十》中记载："（寇）准与知院张逊数争事上前。……且互斥其短。帝（太宗）怒，谪逊，准亦罢知青州……帝顾准厚，既行，念之，常不乐。"

问：历史小说是小说的一种，它依据历史事实，进行想象、改编，并反映现实特点，展示现实意义，请结合本篇小说的内容具体分析这一特征。

端子曰 名师解析

从历史真实性这一角度分析，文章所写的主要人物"寇准"在历史上是真实存在的，其忠君爱国的形象也符合历史对寇准的评价；文章提到的澶渊之盟立功、三次被贬等都于史有据。从小说的虚构性这一角度分析，寇准被贬路上驴车陷入泥潭，村民对寇准的感谢，村民合力将寇准的车推出，寇准与夫人的对话、神态等细节是作者虚构的，主要是想凸显寇准耿直、豁达、坚定的忠君爱国、深得百姓敬重的形象。而寇准的精神也是现代社会所需要的，因此小说具有重要的现实启迪意义。

参考答案

①真实：澶渊之盟立功、三次被贬等重要事件和寇准忠君爱国的人物形象均有据可考，是真实的。

②虚构：夫妻对话、雨中赶路、赴陕州时写《踏莎行》等情节或细节是虚构的。

③现实意义：小说通过写寇准被贬途中的经历、对话、行为，表现了他在被猜疑、被诬陷、被贬谪的困境中，依然坚守正道，忠君爱国，他的言行使人心生敬意，对现代人具有启迪意义。

端演练 综合练习

（2018年全国Ⅲ卷）阅读文章，回答问题。

微纪元（节选）

刘慈欣

①先行者知道，他现在是全宇宙中唯一的一个人了。

②那事已经发生过了。

③其实，在他启程时人类已经知道那事要发生了。人类发射了一艘恒星际飞船，在周围100光年以内寻找带有可移民行星的恒星。宇航员被称为先行者。

④飞船航行了23年时间，由于速度接近光速，地球时间已过去了两万五千年。

⑤飞船继续飞向太阳系深处，先行者没再关注别的行星，径直飞回地球。啊，我的蓝色水晶球……先行者闭起双眼默祷着，过了很长时间，才强迫自己睁开双眼。

⑥他看到了一个黑白相间的地球。

⑦黑色的是熔化后又凝结的岩石，白色的是蒸发后又冻结的海洋。

⑧飞船进入低轨道，从黑色的大陆和白色的海洋上空缓缓越过，先行者没有看到

任何遗迹，一切都熔化了，文明已成过眼烟云。

⑨这时，飞船收到了从地面发来的一束视频信号，显示在屏幕上。

⑩先行者看到了一个城市的图像：先看到如林的细长的高楼群，镜头降下去，出现了一个广场，广场上一片人海，所有的人都在仰望天空。镜头最后停在广场正中的平台上，那儿站着一个漂亮姑娘，好像只有十几岁，她在屏幕上冲着先行者挥手，娇滴滴地喊："喂，我们看到你了！你是先行者？"

⑪在旅途的最后几年，先行者的大部分时间是在虚拟现实的游戏中度过的。在游戏里，计算机接收玩者的大脑信号，构筑一个三维画面，画面中的人和物还可根据玩者的思想做出有限的互动。先行者曾在寂寞中构筑过从家庭到王国的无数个虚拟世界，所以现在他一眼就看出这是一幅这样的画面，可能来自大灾难前遗留下来的某种自动装置。

⑫"那么，现在还有人活着吗？"先行者问。

⑬"您这样的人吗？"姑娘天真地反问。

⑭"当然是我这样的真人，不是你这样的虚拟人。"

⑮姑娘两只小手在胸前绞着，"您是最后一个这样的人了，如果不克隆的话……呜呜……"姑娘捂着脸哭起来。

⑯先行者的心如沉海底。

⑰"您怎么不问我是谁呢？"姑娘抬头仰望着他，又恢复了那副天真神色，好像转眼就忘了刚才的悲伤。

⑱"我没兴趣。"

⑲姑娘娇滴滴地大喊："我是地球领袖啊！"

⑳先行者不想再玩这种无聊的游戏了，他起身要走。

㉑"您怎么这样？全城人民都在这儿迎接您，前辈，您不要不理我们啊！"

㉒先行者想起了什么，转过身来问："人类还留下了什么？"

㉓"照我们的指引着陆，您就会知道！"

㉔先行者进入了着陆舱，在那束信息波的指引下开始着陆。

㉕他戴着一副视频眼镜，可以从其中一个镜片上看到信息波传来的画面。画面上，那姑娘唱起歌来：

㉖啊，尊敬的使者，你来自宏纪元！

㉗伟大的宏纪元，

㉘美丽的宏纪元，

㉙你是烈火中消逝的梦……

㉚人海沸腾起来，所有人都大声合唱："宏纪元，宏纪元……"

㉛先行者实在受不了了，他把声音和图像一起关掉。但过了一会儿，当感觉到着陆舱接触地面的震动时，他产生了一个幻觉：也许真的降落在一个高空看不清楚的城市了？他走出着陆舱，站在那一望无际的黑色荒原上时，幻觉消失，失望使他浑身冰冷。

㉜先行者打开面罩，一股寒气扑面而来，空气很稀薄，但能维持人的呼吸。气温在零下40摄氏度左右。天空呈一种大灾难前黎明或黄昏时的深蓝色。脚下是刚凝结了两千年左右的大地，到处可见岩浆流动的波纹形状，地面虽已开始风化，仍然很硬，土壤很难见到。这片带波纹的大地伸向天边，其间有一些小小的丘陵。

㉝先行者看到了信息波的发射源。一个镶在岩石中的透明半球护面，直径大约有一米，下面似乎扣着一片很复杂的结构。他注意到远处还有几个这样的透明半球，像地面上的几个大水泡，反射着阳光。

㉞先行者又打开了画面，虚拟世界中，那个小骗子仍在忘情地唱着，广场上所有的人都在欢呼。

㉟先行者麻木地站着，深蓝色的苍穹中，明亮的太阳和晶莹的星星在闪耀，整个宇宙围绕着他——最后一个人类。

㊱孤独像雪崩一样埋住了他，他蹲下来捂住脸抽泣起来。

㊲歌声戛然而止，虚拟画面中的所有人都关切地看着他，那姑娘嫣然一笑。

㊳"您对人类就这么没信心吗？"

㊴这话中有一种东西使先行者浑身一震，他真的感觉到了什么，站起身来。他走近那个透明的半球，俯身向里面看。

㊵那个城市不是虚拟的，它就像两万五千年前人类的城市一样真实，它就在这个一米直径的半球形透明玻璃罩中。

㊶人类还在，文明还在。

㊷"前辈，微纪元欢迎您！"

（有删改）

问：结合本文，谈谈科幻小说中"科学"与"幻想"的关系。

参考答案

①科幻小说中的"科学"是"幻想"的基础，本文情节的基本框架，即地球灾难及文明重生，就是在宇宙科学的基础上演绎的；而文中细节如宇宙飞船的星际航行、虚拟游戏、视频眼镜等，都已是或部分是科学事实。

②科幻小说中的"幻想"虽然立足于"科学"，但更要突破具体科技的限制，充分发挥想象，将人文关怀与科学意识融会在一起。本文幻想出来的"宏纪元"与"微纪元"有一定的科学因素，本文的主旨则是对人类文明的思考。

第四节 文学类文本显隐关系题

端子曰 题型辨别

一、题干示例

（1）（2020年新高考Ⅰ卷）本文在描绘建水城时，在饮食描写上花费了大量笔墨，对此你如何理解？

（2）（2020年新课标Ⅰ卷）海明威的"冰山"理论将文学作品同冰山类比，他说："冰山在海面移动很庄严宏伟，这是因为它只有八分之一露在水面上。"本小说正是只描写了这露出水面的八分之一。请据此简要说明本小说的情节安排及其效果。

（3）（2018年天津卷）文章在记叙寻墨的同时，为什么还用大量笔墨描绘虹关古村？

二、题干总结

题干中除涉及"呈现的内容"之外，还有"未呈现的内容"，如未讲述的情节、未展示的描写、未交代的背景等，或者涉及"大量的笔墨"用来描写什么，或者涉及"以小见大"的手法，即可判定题目为显隐关系题。

端独家 答题要点

答题时，要注意从"显"了什么，"隐"了什么，"显隐"作用及效果方面进行回答。

一、哪里"显"

（1）塑造了……的典型人物。

（2）呈现了……的精彩或关键情节。

（3）描绘了……的特定或典型场景。

二、哪里"隐"

（1）典型人物代表了……的一类人。

（2）关键情节背后是……情节的完整链条。

（3）典型场景代表了……的特殊时代背景。

三、有何作用

（1）对人物：塑造了……的人物形象。

（2）对情节：叙述了……的故事。

（3）对环境：突出了……的环境特征。

（4）对读者：便于读者联想、想象、思考，取得言有尽而意无穷的效果。

（5）对主旨：具有现实意义，揭示丰富、复杂、宏大的社会主题。

四、点明手法

文本中运用的特殊手法：如标题的象征意义、讽刺意义，以小见大的手法，等等。

附1： 以小见大类题型答题思路

（一）选取小人物

（人物）有……形象特点，代表……（群体），身处于……（时代），体现了……群体特点，体现了……时代特点，赞美或批判了……精神。

（二）选取小物象

（物象）是人物关系的连接点（或全文线索、情感载体），象征了……的人物形象，表现了……的主题。

（三）选取小场景

（场景）是人物成长环境的缩影（或时代背景的缩影），代表了……的环境特征，暗示了……的主题。

> 总而言之，就是小人物见大群体，小物象见大故事，小场景见大环境，小事件见大事件。

（四）选取小事件

（情节）塑造了……的人物形象，故事体现了……的环境，体现了……的主旨。

附2： 笔墨详略类题型答题思路

（一）点明详略内容的关系

文章中详写内容与略写内容往往存在某种关系，如：

相关性：由此及彼，以小见大，因果逻辑，特殊关系……

相似性：两者具有……的相似特点。

相反性：两者……，特点相反，对比反衬。

（二）分析详略处理对文本的作用

详略处理，对人物（情节、环境）都可能会有作用，如：

（1）若是环境：为主人公身份或情节发展提供背景、条件。

> 答题时，从详略内容出发，指出详写的是什么，略写的是什么，详写内容与略写内容是什么关系。此外，根据常规作用题的答题方法，分析详略处理对人物（情节、环境、主旨）的作用。

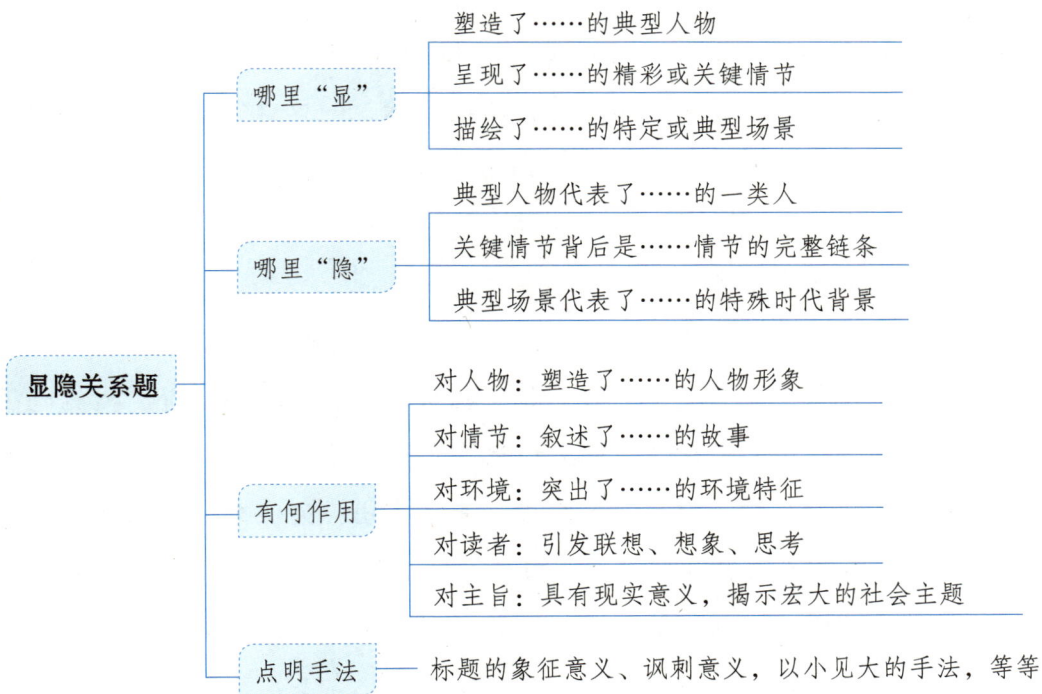

（2）若是情节：设置悬念；引出下文，为下文做铺垫；照应前文；丰富文章内容；层层递进；补充交代原因……；表现了……的典型人物形象。

（3）若是人物：推动情节发展，表现人物或群体形象，表现了……的环境特点。

（三）点明详略处理对主旨的作用

引起读者的阅读兴趣，揭示（深化、升华）了……主旨。

显隐关系题

- 哪里"显"
  - 塑造了……的典型人物
  - 呈现了……的精彩或关键情节
  - 描绘了……的特定或典型场景
- 哪里"隐"
  - 典型人物代表了……的一类人
  - 关键情节背后是……情节的完整链条
  - 典型场景代表了……的特殊时代背景
- 有何作用
  - 对人物：塑造了……的人物形象
  - 对情节：叙述了……的故事
  - 对环境：突出了……的环境特征
  - 对读者：引发联想、想象、思考
  - 对主旨：具有现实意义，揭示宏大的社会主题
- 点明手法
  - 标题的象征意义、讽刺意义，以小见大的手法，等等

端优选 典型例题

阅读文章，回答问题。

文本一：

默 契

林斤澜

①开春三月。站在镇上，听不见吆喝牲口下地的声音，也看不见土地苏醒，麦子返青。可是大家都起得早。商店的五间红漆门脸，还没有打开，大家都在后院走进走出。到东厢房倒一杯开水，围着炉子烤一烤窝窝头片。这时店堂里电话铃响，韩姐赶紧咽下一口干粮，嘴里说着："我的，准是我的……"身子已经穿过院子，往店堂里一钻，不见了。

②"……你们把水车安上了？浇得上返青水了？那好呀！……怎么？坏了个牙轮？掉换掉换？……那可说不好，得跑一跑看，可是今天该我出车售货呀，……得，浇水要紧，随着就办，说话就跑……"

③韩姐还没有挂上电话，小孙已经走到院子北墙根，那里停着一辆平板三轮车。小孙掀开车上的苦布，一手还拿着窝窝头片，不慌不忙，一口口咬着。那眼睛却把车上的大包小捆，从布匹到针线，从毛主席著作到橡皮块儿，全部检点计算了，准备替班出车了。

④"孙姐，我替韩姐出车去。"

⑤说话的是高个子大聪。她年纪最小，个子却最高，又挺直，又水灵。

⑥小孙正在心里计数，她只望着大聪，摇了摇头。大聪也不再多说，挺挺地往店堂走去。只听得噼啪声响，大聪在领头掸土扫地，准备开门了。

⑦农忙时节，商店的后院，大家早早起来，走进走出，好像不过是喝口水，吃点儿干粮。可是细细一看，人人都在留神着，准备着，一声号令，立刻投入战斗。

⑧韩姐、小孙、大聪，是店里百货组的售货员。她们三个人中间，如果细细看起来，又有一种十分动人的东西。听说那赛球的运动场上，一号一起跑，二号就知道悄悄地插到哪个方向去接应，三号立刻张手跺脚，堵住哪一路，……这叫作"默契"。

⑨春日天还短，黄昏时分，起了一阵风，呜呜叫着奔过田野，卷起黄沙滚滚，扑面如同猫爪抓挠。这北国的春风，就是这般威势。小孙蹬着三轮，逆风往镇上走。她离座站起来，加劲往前蹬。短头发倒卷上去，汗珠子顺流而下。她可是腿不乱，脚不停，

一声气也不吭，只顾一步步往前蹬。忽然背后咪啦声响，一辆自行车冲了上来，只见韩姐弓着腰，跟趴在车把上一样。头上脸上肩膀上，黄霜霜的一层尘土，她扭头盯着小孙，哈哈一笑。一张花脸，一嘴白牙。那笑声又比早起更加沙哑。小孙明白了，生产队的"水车牙轮"已经解决了。韩姐跳下车子，抽出一只手，推着三轮前进。小孙叫道：

⑩"你快走吧，今晚盘货。"

⑪对呀，盘货！售货员都知道，这是繁重的工作呀。百货组，只扔下个大聪看家呀。韩姐"得"的一声，又跳上车子，伏着腰身，往风沙里冲去。小孙又离座加劲，一步步往前蹬。忽然又是咪啦声响，原来韩姐掉转了车头，顺着风，箭一般奔了回来，哑嗓使劲叫道：

⑫"拐弯的时候，往麦地里瞧没有？"

⑬"怎么了？"

⑭"我怎么觉着地里白花花的呢？一心攥你，没顾上细看。"

⑮"我也没细看……是有些白花花的……那是黄沙吧？"

⑯"那里没有沙荒地呀？不都是二队的高产黑土田吗？"

⑰"呀！"小孙寻思着道，"他们刚买了碳酸氢铵，还不少呢，像是五千斤。"

⑱"要都在明面上撒着，可不都白糟践了。"

⑲夜色朦胧，风怒号，土惊飞。两双亮晶晶的眼睛，对望了一眼，如同电闪，差不多同声叫道：

⑳"你快去。"

㉑"你快回。"

㉒韩姐借着风势，真个一溜烟般跑了。小孙爽性跳下三轮，一手扶车把，一手拽车座，埋着头，努着腰，一步一个劲。等到推回镇上，摸黑拐进商店后院，衬衣早已贴在脊梁上了。可她只是拿上毛巾，把短头发上、蓝布衣服青布鞋上的尘土掸了几掸，就悄悄走进店堂。店堂里灯明火亮，百货组、布匹组、文具组，上架下柜，清点归置，算盘珠子噼里啪啦地响着。小孙悄悄走到百货架子跟前，伸手去数玻璃杯。大聪猛回头，吃惊叫道：

㉓"孙姐，是你呀。"

㉔小孙快快地把韩姐半道发现化肥问题、折回二队去的事说了说。大聪想了想，说道：

㉕"早起三队也来拉碳酸氢铵来着，我给仓库开的条，也是五千斤。"

㉖"告诉他们不能明使没有？"

㉗大聪摇了摇头："我忙着……"

㉘"得刨沟。得着土埋上。"

㉙"详细的，我也说不全面呀……"

㉚"韩姐回来，你们俩盘货。"

㉛说着悄悄退出灯明火亮的店堂。

㉜可是料想不到，结果是韩姐和小孙一同回来的。

㉝原来二队和三队，对这一号化肥的性能，都不大熟悉。又都不很相信售货员说的道理，这两个售货员就寻思：办事要办彻底。离了生产队，都奔公社反映去了。她们在公社里碰了头，公社书记很重视这个情况，立刻派人下去。她们两个才一同骑上车，乘着北国的春风，回到商店里了。

㉞店堂里明灯盏盏，大聪又钻到哪里去了呢？两人会心一笑，悄悄走到后院，走进东厢房。果然，炉子上热着两个银亮的饭盒。饭盒上边，齐头并脑两双筷子。韩姐和小孙立刻矮矬了半截身子，坐在炉边的小凳子上边了。那大聪呢，挺挺地靠墙站着，水灵灵地站着，笑吟吟地站着。

（有删改）

文本二：

①中国有句话叫"尺水兴波"，就是"咫尺应须论万里"的意思，指的是短篇小说叙述上的"由小见大"。就这么点儿水，和这么点儿泥。要是凑合的话，就凑合了呗。要是和出来还要"兴波"，兴起来还要"论万里"，只好去讲究"空白"了。

②空白是一种艺术手段。这手段在我们祖国发挥得淋漓尽致。请看空空舞台，随手是门是窗，随步是山是水。空间和时间都因无为有，所以无限。国画更加明显，不但花木无根，群山都可以不落地。画家把构图构思，直接叫作"布白"。书法是中国特有的艺术，什么"计白当黑"，"字在字外"，也就是音响上"此处无声胜有声"的意思。

③小说不论大小，也都得留够空白。鲁迅先生开创"新"小说的时候，自己说肚子里有百把篇外国小说。没有说有多少中国小说，只怕不止以百计吧。他的小说里写杀头，避开行刑；写人死，不写死样；写活泼少年，变成麻木瑟缩的人，二十多年的变化过程，不着一字；写人发疯，也只写疯眼看世界，情节方面，没有连续性可言。这许多大大小小的"空白"，论方法，有来自外国的；论精神，我看是深沉的中国传统。

④"空白"究竟有些什么好处？有说是省略。省略当然是要紧的，好的赖的全堆上去，那还算什么本事呢？但"空白"的奥妙不仅仅在这里。"此处无声胜有声""不着一字，尽得风流"，这就不在省略的范围里了。留得好的"空白"，留给读者的是想象。白纸黑字触发了感情，感情引到一个缺口，缺口外边是空白。到此什么也不管了，任凭读者去海阔天空，鱼跃鸟飞。

（节选自林斤澜的《谈"叙述"》，有删改）

问：文本二指出，短篇小说在叙述上应该"尺水兴波"，请你谈谈文本一是如何实践这一主张的。

<u>端子曰</u> 名师解析

文本二是林斤澜先生对于创作的感受，所谓尺水兴波，就是以小见大。通过阅读文本一，可以体会到作者"以小见大"的创作特点。比如文本一中并没有描写什么惊天动地的大事，只是截取了乡村商店售货员韩姐、小孙、大聪三人日常工作的片段，如扫地、盘货、开门等，这些看似平常的活动中蕴含着劳动者积极负责的工作热忱。小孙和韩姐在路上看见生产队没能正确地使用化肥，虽然是否正确使用化肥不在他们的工作范围之内，但她们仍不辞劳苦地上下奔波，最后终于很好地解决了问题。正是通过对这一系列小事的描写，作者赞扬了普通劳动者身上散发的对工作的热忱、认真负责的工作作风。同时，小说结尾"果然，炉子上热着两个银亮的饭盒。饭盒上边，齐头并脑两双筷子。……那大聪呢，挺挺地靠墙站着，水灵灵地站着，笑吟吟地站着"，则歌颂了劳动者之间的互助与关爱之情。文本一真正体现了以小见大的特点。

文本二中还提到"空白"这一表现手法的作用，文本一对大聪独自盘货的辛苦，给姐姐们准备饭菜的过程只字未提，但店堂里的明灯、炉上的饭盒，却勾起了读者无尽的想象，让读者在想象中完善了小说的情节，也让读者对劳动者之间的关爱之情有了更加强烈的感受。空白手法的运用增强了文章的感染力。

参考答案

①文本一在叙述上体现了"由小见大"的特点。小说通过截取乡村商店售货员韩姐、小孙、大聪三人日常工作的片段，赞扬了普通劳动者身上散发的对工作的热

忧、认真负责的工作作风以及同伴之间的互助与关爱之情，是一首劳动者的赞歌。

②文本一中运用"空白"的表现手法，给读者留下了想象空间，引发了读者的思考。如小说中对大聪独自盘货的辛苦，给姐姐们准备饭菜的过程只字未提，但店堂里的明灯、炉上的饭盒都会勾起读者无尽的想象，让读者感受到劳动者之间的关爱之情。空白手法的运用增强了文章的感染力。

端演练 综合练习

阅读文章，回答问题。

文本一：

忆平乐

冯 至

①六年前，十一月下半月里的一个早晨，我们在桂林上了一只漓江上的民船。那时正是长沙大火后，各地方的难民潮涌一般地到了桂林。抗战以来，如果说南京失守是第一个挫折，那么武汉撤退显然是第二个挫折了，大家不知道此后的局势将要怎样发展，但对于将来都具有信心。人们好像很年轻，报纸上虽然没有多少好消息，同时几乎天天要跑警报，可是面貌上没有一些疲倦。

②在桂林住了半个多月，全国各地的一举一动都会在这里发生感应。但是一上了漓江的船，就迥然不同了，初冬的天空和初冬的江水是一样澄清，传不来一点儿外边的消息。我立在船头，看到桂林的山是那样奇兀，水是这样清澈，江底的石块无论大小都历历可数。此外就是寂静，寂静凝结在前后左右，好像千军万马也不能把这寂静冲破。

③俗话说，桂林山水甲天下，至于山水的奇丽还要算漓江。船过了大墟，这条江水便永久被四面的山包围起来了。船在水中央，仿佛永久在一座带形的湖里，船慢慢地走着，船上的人没有事做，只有望着四围的山峰。经过长久的时间，山峰好像都看熟了，忽然转了一个大弯子，面前的山峰紧接着也改变了形象，原来船已经走出这"带形的湖"，又走入一座新的"带形的湖"里。山的转变无穷，水也始终没有被前面的山遇住。这样两天，过了阳朔一直到了平乐。

④在平乐，我们找到一辆汽车要经过柳州、南宁到龙州去。往南越走越热，临行的前一天，妻的身上穿着棉衣，她说想做一件夹衣预备在热的地方穿，但恐怕来不及

了，因为汽车在第二天清早就要开行。我说，我们不妨到裁缝铺里试一试。我们于是在临江的一条街上买了一件衣料，随后拿着这件衣料问了几家裁缝铺，都异口同声地说来不及了。最后到了一家，仍然是说来不及了，但口气不是那样坚决，不可能中好像含有一些可能的意味。我们也就利用这一点可能的意味向那裁缝恳求：

⑤"如果你在今晚十二点以前把这件衣服缝好，我们愿意出加倍的工资。"

⑥"加倍的工资，我不要，只怕时间来不及了。若是来得及，一件夹袍是一件夹袍，工资无须增加。"

⑦"我们也是不得已，因为明天清早就要到柳州去。"

⑧我们继续恳求，最后那裁缝被我们说动了，他说："放在这里吧，我替你们赶做——"

⑨我们把旅馆的地址留给他，继续到街上料理其他的琐事。晚饭后，一切都已收拾停当，我们决定早一点儿睡，至于那件夹衣，第二天清早去取，想不会有什么耽搁。想不到睡得正熟的时候，忽然有茶房敲门，说楼下有人来找。

⑩我睡眼蒙眬地走到楼下，白天的那个裁缝正捧着一件叠得好好的夹衣在旅馆的柜台旁立着。他说，这件夹衣做好了，在十二点以前。

⑪我当时很感动，我对于我的早睡觉得十分惭愧。我接过来那件夹衣，它在我的手里好像比它本来的分量沉重得多。我拿出一张一元的纸币交给那个裁缝，他找回我两角钱，说一声"一件夹袍八角钱"，回头就走了。我走上楼，把夹袍放在箱子里，又躺在床上，听着楼下的钟正打十二点。

⑫六年了，在这六年内听说广西也有许多变化，过去的事在脑里一天比一天模糊。入秋以来，敌人侵入广西，不但桂林、柳州那样的大地名天天在报纸上出现，就是平乐也曾经一再地在报纸上读到。当我读到"平乐"二字时，不知怎么漓江两岸的风光以及平乐那晚的经验都引起我乡愁一般的思念。如今平乐已经沦陷，漓江一带的山水想必也会有了变化，还有那个裁缝，我不知道他会流亡到什么地方，我怀念他，像是怀念一个旧日的友人。

⑬并且，在这六年内世界在变，社会在变，许多人变得不成人形，但我深信有许多事物并没有变：农夫依旧春耕秋收，没有一个农夫把粮食种得不成粮食；手工业者依旧做出人间的用具，没有一个木匠把桌子做得不成桌子，没有一个裁缝把衣服缝得不成衣服。真正变得不成人形的却是那些衣冠人士：有些教育家把学校办得不成学校，有些军官把军队弄得不成军队。

⑭现在敌人正在广西到处猖獗，谣言在后方都市的衣冠社会里病菌似的传布着，我坐在房里，只苦苦地思念起漓江两岸的风光和平乐的那个认真而守时刻的裁缝。

1943年，写于昆明

（有删改）

文本二：

①我因为工作的关系，不能离开这里，但是当我在八月十二日的早晨又走到镇上时，镇上忽然活跃起来，与昨天完全不同了。茶馆里、饭馆里、商店的廊檐下，聚集着许多服装一致的兵士。可是茶馆里没有茶，饭馆里没有饭，商店里没有货物。我看着这些兵士是新鲜的，这些兵士看这个市镇也是新鲜的。

②他们以好奇的眼光在一条条空旷的街巷中走来走去，我也以好奇的心情走遍全镇，我分明知道，战争随时都可以爆发，但在它还没有爆发之前，却好像很沉重地悬在空中，要落，却又落不下来。这时忽然在街上出现了一个农夫，挑着一担西瓜，他也带着诧异的神情，东张西望，他大半是从远方挑着这担西瓜到这里来卖的，并不知道这里已经起了这么大的变化。

③他把这担西瓜放在一座桥上，经过一个时期的踌躇，最后仿佛若有所悟，向这来来往往的兵士一招手，大声喊道："弟兄们，把这一担西瓜分着吃了吧，反正我也不愿意再挑回去了。"他刚说完这句话，在他周围已经聚集起十几个兵士。我看着这幅景象，心里感到轻松而爽朗，真好像一段新的历史要从此开始。

1945年，写于昆明

（摘自冯至《八月十日灯下所记》，有删改）

问：冯至撰文善于以小见大，截取大时代大动乱中小人物的生活片段，寓情于事。请结合两则文本简要分析。

端子曰 名师解析

这道题目考查的是文本中的"显隐"关系，重点在探究文章是如何以小见大的。

解答本题首先应找到两则文本中可体现"以小见大"的事例，再据事例探析背后的寓意和感情。

由文中"我们于是在临江的一条街上买了一件衣料，随后拿着这件衣料问了几家裁缝铺，都异口同声地说来不及了。最后到了一家，仍然是说来不及了""放在这里吧，我替你们赶做——""我睡眼蒙眬地走到楼下，白天的那个裁缝正捧着一件叠得好好的夹衣在旅馆的柜台旁立着。他说，这件夹衣做好了，在十二点以前"等内容可知，文本一写作者与妻子在平乐找裁缝缝制夹衣，裁缝放弃休息，连夜为其赶做。这样一个闪现着认真守时的优良品质的平凡人物，令人感念，发人深省。作者由此出发，批评了那些"变得不成人形"的"衣冠人士"，鲜明而强烈的感情跃然纸上。

由文中"他把这担西瓜放在一座桥上，经过一个时期的踌躇，最后仿佛若有所悟，向这来来往往的兵士一招手，大声喊道：'弟兄们，把这一担西瓜分着吃了吧，反正我也不愿意再挑回去了。'"等可知，文本二中，作者巧妙刻画了一个卖瓜农夫的形象，写他将一担西瓜送给抗日的兵士吃，以小见大，展现了中国民众支持抗战的民族精神，准确又形象。

参考答案

①文本一撷取平凡人物，通过裁缝师傅恪守信用这件事，展现了劳动者身上闪光的品质，抒发了作者对那里山水人物的赞美和思念，引发了作者对后方都市里的一些"衣冠人士"的嘲讽。

②文本二中，作者截取卖瓜的农夫招呼兵士吃瓜的场景，表现了那个动乱时代普通民众对抗战的支持，同时引出下文作者面对"新的历史"轻松、爽朗和愉快的心情。

③文本一中写作者夫妇二人在战乱中辗转迁徙，展现出了国难中知识分子顽强乐观、忧国忧民的情怀。

第五节 文学类文本散文化小说题

端子曰 题型辨别

一、题干示例

（1）《芦花荡》是孙犁"诗体小说"的代表作之一，在孙犁的笔下，即使是战斗也被写得如诗如画，极富诗意美。请结合作品，简要分析"诗意美"的具体表现。

（2）本篇小说风格清新自然，有孙犁"诗化小说"的特点。请结合本篇小说具体分析这一风格体现在哪些方面。

（3）有人称《虚土》为"散文化小说"，小说如何体现"散文化小说"的特点？请结合内容探究。

（4）本篇小说打破了小说和散文的界限，请结合正文对此加以分析。

二、题干总结

题干中点出"诗化""散文化"等关键词，或者突出"人物描写淡化""情节叙述舒缓""环境描写有意境"等相关表达，即可判定题目为散文化小说题。

端独家 答题要点

对于散文化小说题，要从人物、情节、环境、主旨、结构、语言六个方面进行解答。

> 散文化小说，既有小说的文本底色，又有散文的呈现形式。散文化小说，兼具散文和小说两个文体的特点。

一、虚化人物，简化形象

简单勾勒（或运用白描手法），简化人物描写；（人物）性格平和（或内心活动少、冲突矛盾少），形象不立体。

二、淡化情节，片段叙事

……（概括两三件事）属于片段化事件的叙写，故事叙述不细致，情节矛盾不激烈。

三、环境优美，营造意境

自然环境优美，营造质朴或诗情画意的氛围，衬托人物的心境。

四、重在抒情，突出情调

通过……抒情句（或议论句）点明主旨、情感。

五、结构上"形散神聚"

……（概括两三件事）貌似没有关联，互相独立，但都集中塑造了人物形象，表达了本文主旨，呈现出散文"形散神聚"的特点。

六、语言优美，富有意境

浓郁的地方特色，符合人物特征；语言质朴，接近口语；语言典雅，含蓄蕴藉；多用短句，有节奏美。

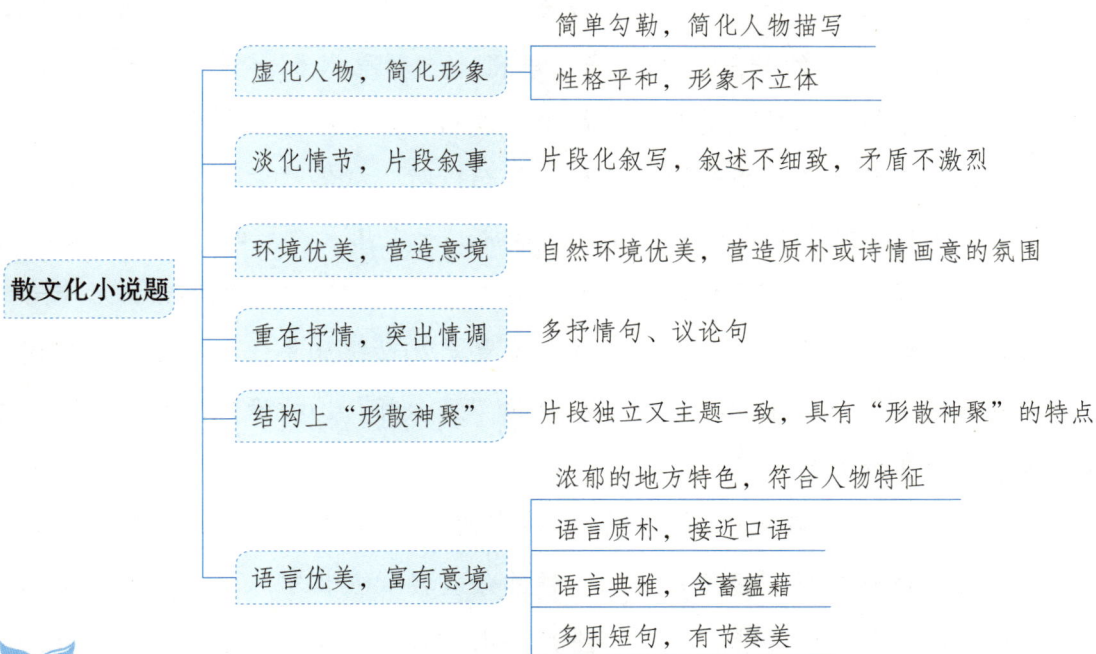

端优选 典型例题

阅读文章，回答问题。

秤　匠

李笙清

①从我懂事的时候起，老镇上就有一个专门做木杆秤的铺面，招牌上写着四个大

字"韦记秤店"，黑漆描金，古色古香。韦家祖籍四川，据说还是19世纪末逃荒来到我们这边的，就此在老镇落地生根，开枝散叶繁衍开来。

②韦家秤店是祖传的手艺，男女都传，但从不传于外姓。

③童年时，我经常到秤铺玩耍，韦老师傅一脸的白胡须。他的一个孙子狗娃跟我同年，关系十分要好，七岁就开始学做秤，屁股上没少挨爷爷的竹板。

④到了狗娃父亲这一代，韦家已经在周边好几个乡镇都有了秤店，挂的全是"韦记秤店"招牌，就像如今流行的连锁店一样，使用的都是韦家家传的纯手工制秤技艺。除了制秤，"韦记秤店"还修理各种秤具。由于信誉好，手艺精湛，质量上乘，生意特别红火。

⑤狗娃没念过什么书，但能说会道，头脑活络。"你可不要小看我们做秤的，这木杆秤可以说是咱们中国的'国粹'呢！"每次喝了酒后，狗娃总会跟我唠叨关于秤的话题。在他的讲述下，我知晓了制秤是门纯手工活，看似简单，其实从选材、刨杆、打磨、打眼，到校秤、锥星、抛光、打蜡、上色，工序繁杂。秤碗谓之"权"，秤杆谓之"衡"，秤杆上的秤星，也有许多讲究，一颗星代表一两重，三颗星名曰"福、禄、寿"，解释为生意人欺人一两就会"失福"，欺人二两则后人"无禄"，即没有官做，欺人三两则要"折寿"。狗娃侃侃而谈时，从不随意用手比画，这一点跟韦老爷子几乎一模一样，据说是韦家祖传的家训：手是用来做秤的，不能招摇。

⑥据说当年老镇上还有一家秤店，匠人也是外乡人，制秤手艺也不错，后来却经营不下去而转到外地做生意去了。究其原因，主要是20世纪30年代，店主一时贪图高利，给当地湖霸制造了一杆中间打空灌了水银的"黑心秤"，被渔民发现后殃及这家制秤店，结果只能卷铺盖走人了。

⑦韦家制秤一直以来恪守祖训家规，口碑在外，曾数次拒绝过"黑心秤"的制作，大有唐代诗人郑薰笔下"镜照分妍丑，秤称分重轻。颜容宁入鉴，铢两岂关衡"的高风。那时候使用木杆秤的多，粮行、渔行、山货行等都是使用很大的木杆秤，有些做小生意的则是使用小木杆秤，乡下农户上街卖菜和鸡蛋、鸭蛋则是使用较小的木杆秤。所以除了本地生意兴隆，许多外地商户也慕名而来，专门在"韦记秤店"订制大大小小的秤具。尤其是那家因制作"黑心秤"的店主离开后，"韦记秤店"更是成了老镇上唯一的制秤店铺。

⑧家乡小镇很古老，历史可追溯到明末清初，已有数百年的历史。一条大河穿

镇而过，直通长江，南来北往做各种生意的人很多，如贩卖河鲜、绸缎、粮食、食盐的，留下一些大码头的痕迹。过去做生意大都使用木秤，主要有钩秤和盘秤两种。特别是乡村人家，几乎家家必备，小商小贩更是人手一把，朝夕不离。这样一来，信誉素著的韦家木杆秤就成了人们购秤的首选，不光称量准确，而且使用的材质上乘，秤纽灵活，秤钩美观耐用，秤盘形制多样，大小不一，秤量不差分毫。特别是渔行、粮行、煤行、盐行的大秤，需要精心丈量距离，要做到毫厘不差。

⑨我曾看过狗娃制秤，工序繁杂而精细。先要做好头小、腹胖、尾细的杆身，然后用"雷公钻"钻出几百个不到一毫米的秤星孔、装饰花案孔和阿拉伯数字，每个孔里嵌入铜丝、锡丝，用利刃刮断，然后敲实、打磨、抛光，直到秤杆光滑、秤星闪亮、秤花生辉的地步。

⑩如今，先进的电子秤、磅秤逐步取代了已传承2 000多年的木杆秤，但老镇集市上仍然有一些小贩在使用木杆秤。"韦记秤店"并没有被日新月异的时光湮没，在制作传统的木杆秤的同时，开始销售和修理各种各样的电子秤和磅秤，生意依然红火。每次返乡，看到挂在店里的那些木杆秤，就像看到令人赏心悦目的艺术品，我的心里总会泛起几许怀旧的思绪。

（有删改）

问：有人认为李笙清的《秤匠》散文化特征明显，请结合文章分析其"散文化"特点的具体体现。

端子曰 **名师解析**

这是一道散文化小说分析题。

从弱化故事情节的特点上看，前面几个自然段写了"我"对"韦记秤店"的认识和狗娃向"我"讲述木杆秤的制作过程，对"黑心秤"的情节也是简单叙述等，可见情节零散，不注重传统的小说情节从开端到发展再到发展、结局的完整叙事特点，但也都是围绕着制秤展开，有点散文的"形散而神不散"的特点。从散文化不注重刻画人物形象的特点上看，文章开始有部分对"狗娃"的描写，笔墨不多，而且也只是通过讲述制秤表现他头脑活络而已，人物不典型。对韦老师傅的描写也是通过讲述"我"小时候的印象而一笔带过，谈不上什么人物形象。从小说的艺术表现手法上看，引用唐代诗人郑薰的诗句，采用如"看到挂在店里的那些木杆秤，就像看到令人赏心悦目的艺术品"的比喻修辞手法；表达方式上，前半部分叙述"韦记秤店"的故事，后面三段则主要对制秤的过去与现在进行了议论，穿插说明秤的地位，倒数第二段又通过叙述"我"的所见照应前文狗娃所说的制秤过程的复杂，集说明、议论、叙述等表达方式于一体，使故事的讲述更加灵活多变。

参考答案

①弱化故事情节。小说只是对狗娃向"我"讲述木杆秤制作、"黑心秤"等片段进行了叙述，事件相对零星、简单，没有完整曲折的故事情节，和散文"形散而神不散"的特点类似。

②人物形象不够鲜明丰满。文章对韦老爷子、狗娃虽有描写，但描写缺少丰富化和个性化的鲜明特征。

③语言优美、生动，多种表达方式综合使用。文章综合使用比喻、引用等手法，生动形象；集说明、议论、叙述等表达方式于一体，使故事的讲述更加灵活多变。

端演练 综合练习

阅读文章，回答问题。

红 梅

[日]川端康成

①父母面对面地坐在被炉边上，观赏着古树红梅绽开的两三朵花儿，一边争论着。父亲说："这棵红梅的花儿，几十年来都是从下面的枝丫开始绽开的。自从你嫁过来以后，也没有改变过。"

②"我没有这种感觉。"母亲没有附和父亲的感怀，父亲很不服气。

③"自从嫁过来以后，我压根儿没有空闲观赏过梅花。"

④"那是因为你稀里糊涂地虚度岁月。"

⑤说完这些，想到与红梅的寿命相比，还是人的一生短暂，父亲就没兴致继续感慨了。

⑥不觉间，话题转到新年的糕点上来。

⑦父亲说他正月初二，在风月堂买了点心回来。母亲却强调没有那回事儿。

⑧"瞧你，我不是让车子在明治糕点公司那儿等了一会儿，又坐这部车子绕去风月堂吗？我的确在这两家铺子买糕点了嘛。"

⑨"你的确在明治糕点公司买了，可是，自打我到这个家来以后，就不曾见你在风月堂买过什么东西。"

⑩"言过其实了吧！"

⑪"当然，我从来没尝过嘛。"

⑫"别装糊涂了，过年你不也吃过了吗？我的确买回来了嘛。"

⑬"唉，真讨厌。大白天说梦话，你不觉得害羞吗？"

⑭"咦？难道是我——"

⑮女儿在厨房准备午餐，父母的争论全听见了。她是了解真情的。但她无意开口，只顾微笑地站在锅台边上。

⑯"的确带回来了吗？"母亲好不容易只对父亲在风月堂买过东西这一点，准备予以承认似的，可她又说，"不过，我没有看见过呀！"

⑰"我是拿回来了嘛——会不会忘在了车厢里？"

⑱父亲的记忆也发生了动摇。

⑲"怎么会呢——要是忘在车厢里，司机一定会送来的。他绝不会悄悄拿走，是公司的车子嘛。"

⑳"这也是啊。"

㉑女儿忐忑不安。

㉒母亲似乎全然忘却了，这够奇怪的。父亲被母亲这么一说，似乎也渐渐失去了信心，这就更加奇怪了。

㉓正月初二那天，父亲乘车兜风，是去过风月堂买了许多糕点回来的。母亲也品尝过了。

㉔沉默持续了一阵子，母亲骤然想起来似的，直截了当地说："哦，哦！是糯米面小饼！你是买过糯米面小饼。"

㉕"对嘛！"

㉖"有绿豆馅点心、铜锣烧，还有许多糕点，真叫人不好办哪！"

㉗"对嘛。我是买回来了嘛。"

㉘"不过，那种粗点心是在风月堂买的？那种东西。"

㉙"是啊。"

㉚ "哦，对了，对了。的确，我把它给谁了。用纸包好，是给人家了……啊，是给谁了呢？"

㉛ "对啊，是给人家了。"

㉜父亲如释重负，接着他又说："是不是送给了房枝呢？"

㉝ "啊，对，是送给了房枝。对，我还说让孩子看见了不好，是悄悄包好送去的。""是啊，是房枝？"

㉞ "唉，确实是那样。是送给房枝了。"

㉟父母的对话暂告一段落。他们感到彼此的谈话一致了，各自都得到了满足。

㊱然而，这与事实也不尽相符。点心并非送给原来的女佣房枝，而是送给了邻居的男孩子。

㊲女儿正在等待着：母亲会不会又像方才那样想起点心到底给谁了呢？饭厅里鸦雀无声，只传来了铁壶的响声。

㊳女儿端上做好的午饭，摆放在被炉板上。

㊴ "好了，刚才的话，你都听见了？"父亲说。

㊵ "听见了。"

㊶ "你妈糊里糊涂，真让人头疼。而且还越来越固执了。好了，平时帮着你妈记着点儿，好吗？"

㊷ "究竟谁糊涂？你爸爸也——今天的风月堂话题，我认输了。不过——"

㊸关于房枝的事，女儿欲言又止。

㊹这是父亲辞世前两年发生的事。父亲患轻度脑出血后，基本不去公司上班了。

㊺打那以后，红梅照例从下边的枝丫先开花。女儿经常回忆起父母关于风月堂的这段对话。然而，她不曾跟母亲言及。因为她觉得母亲早已把这件事忘却了。

（有删改）

问：作品叙述舒缓，没有太强的故事性，这样写对表现小说的内容有什么作用？试做探究。

参考答案

①有助于刻画小说中女儿的形象特征：经历平常，性格平和。

②也有助于表现家庭惯常的生活状态：平凡而琐碎。

③淡化了情节，有助于形成作品的抒情风格，表达对这种美好的生活点滴的追忆。

第六节 文学类文本文学短评题

端子曰 题型辨别

一、题干示例

（1）（2023年新高考Ⅰ卷）读书小组要为此文写一则文学短评。经讨论甲组提出一组关键词：未来·回忆·成长；乙组提出一个关键词：河流。请任选一个小组加入，围绕关键词写出你的短评思路。

（2）根据文本二的内容，如果写一则《烟花灿烂》的小评论，列出评论要点（请从两个角度评论）。

（3）请从叙事的顺序这个角度为这篇小说写一篇文学短评。（150字左右）

二、题干总结

题干中要求根据文章写一则文学短评（开放型文学短评），或者根据某种限制条件写一则文学短评（限制型文学短评），如指定关键词、写作手法、叙述角度、描写角度等。这类题目都要求对文学作品进行简短评论，可判定为文学短评题。

端独家 答题要点

一、开放型文学短评题

开放型文学短评题的答题思路与赏析题的答题思路大致相同，需从"内容""情感""语言""手法""结构"五个方面进行分析。其中，"内容""情感""语言"要优先考虑。

（一）内容上

文章塑造了……的典型人物形象，叙述了……的故事，描绘了……的景物，呈现了……的物象。

（二）情感上

直抒胸臆（含蓄委婉）地抒发了……的情感，表达了……的思考。

（三）语言上

运用……的语言风格，展现了……的表达效果。

（四）手法上

文章多用……的修辞手法（表现手法、细节描写、构思技巧），……（效果）。

（五）结构上

文章欲扬先抑（运用倒叙、运用插叙、层层递进、一波三折），……（效果）。

写开放型的文学短评，一般采用"总—分—总""总—分""分—总"的结构模式：

（1）"总"，就是开头用简短精练的语言把这篇文学短评总的内容概述出来。

（2）"分"，就是先有的放矢地列出鉴赏评析的要点，然后采用述评结合、评析结合的手法，对原作品做深入的、有条理的分析。

（3）"总"，就是结尾对全文进行归纳总结。

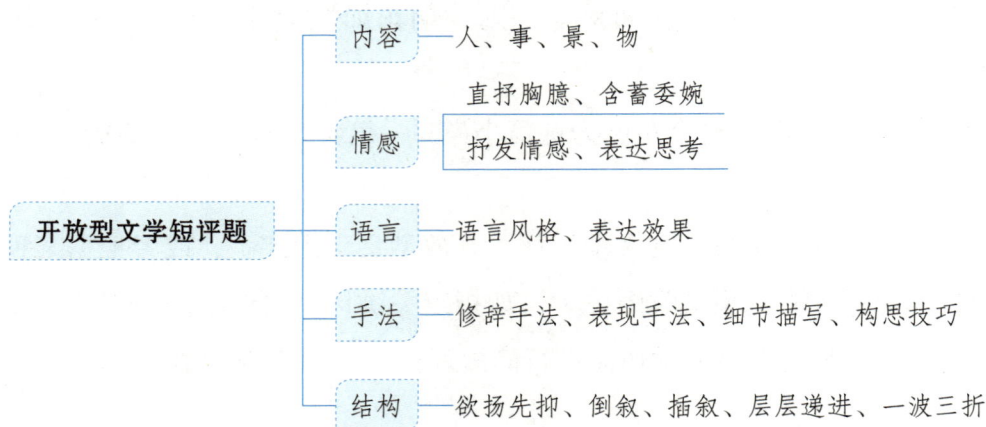

```
                         ┌── 内容 ── 人、事、景、物
                         │
                         │              ┌ 直抒胸臆、含蓄委婉
                         ├── 情感 ──┤
                         │              └ 抒发情感、表达思考
        开放型文学短评题 ──┤
                         ├── 语言 ── 语言风格、表达效果
                         │
                         ├── 手法 ── 修辞手法、表现手法、细节描写、构思技巧
                         │
                         └── 结构 ── 欲扬先抑、倒叙、插叙、层层递进、一波三折
```

二、限制型文学短评题

限制型文学短评题往往给出明确的关键词，这些关键词有明显的评论方向限制。答题时，应从题干中的评论方向入手。

（一）分析题干，确定短评方向

要对关键词进行分析，搞清楚关键词与文本的关系是什么。一般而言，题干中的关键词类型往往有以下四种：核心意象关键词、核心情节关键词、情感主旨关键词、文章线索关键词。

（二）结合原文，解释关键词

依据原文内容，解释关键词在语境中的含义。

对于核心意象关键词，重点关注核心意象本身的含义、核心意象与人物的关系、核心意象与情节的关系、核心意象与主旨的关系。

对于核心情节关键词，重点关注情节概括、情节与人物的关系、情节与主旨的关系。

对于情感主旨关键词，重点分析作品是如何表达这种情感的，重点关注人物、情节、环境、线索等表达情感的要素。

对于文章线索关键词，重点分析线索的深层含义、线索与人物的关系、线索与情节的关系、线索与主旨的关系、线索的作用效果。

> 不同类型的关键词对应不同的答题语言。

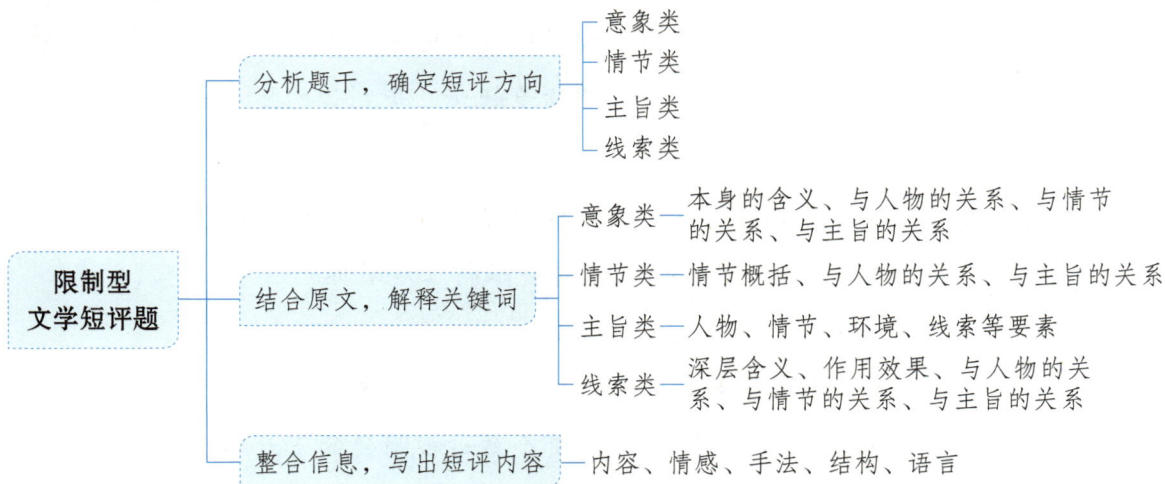

（三）整合信息，写出短评内容

写短评内容，要从"内容""情感""手法""结构""语言"五大方向进行。一般而言，可以按照以下逻辑进行解答：

【单个关键词】

……（关键词）是……（常见文本作用，如核心意象、核心情节、情感主旨、文章线索），在文中代表了……（内容概括：人物形象、关键情节、特定环境），表达了……（情感）。关键词运用了……（手法），……（效果），使文章具有……（语言风格）。

【多个关键词】

……（关键词1）是……（内容概括：人物+事件），……（关键词2）是……（内容概括：人物+事件）。关键词1与关键词2，共同表现了……（内容），表达了……（主旨）。

```
                      ┌─ 意象类
         分析题干，     ├─ 情节类
         确定短评方向   ├─ 主旨类
                      └─ 线索类

                                    意象类──本身的含义、与人物的关系、与情节
                                            的关系、与主旨的关系
限制型                              情节类──情节概括、与人物的关系、与主旨的关系
文学短评题   结合原文，解释关键词
                                    主旨类──人物、情节、环境、线索等要素
                                    线索类──深层含义、作用效果、与人物的关
                                            系、与情节的关系、与主旨的关系

         整合信息，写出短评内容──内容、情感、手法、结构、语言
```

端优选 典型例题

（2023年新高考Ⅰ卷）阅读文章，回答问题。

给儿子

陈 村

①你总会长大的，儿子，你总会进入大学，把童年撇得远远的。你会和时髦青年一样，热衷于旅游。等到暑假，你的第一个暑假，儿子，你就去买票。

②火车430千米，一直坐到芜湖。你背着包爬上江堤，看看长江。再没有比长江更亲切的河了。它宽，它长，它黄得恰如其分，不失尊严地走向东海。

③你走下江堤，花一毛钱去打票，坐上渡船。船上无疑会有许多人。他们挑着担子，扛着被子，或许还有板车。他们说话的声音很高，看人从来都是正视。也许会有人和你搭话，你就老老实实说话。他们没有坏意。

④你从跳板走上岸，顺着被鞋底和脚板踩硬踩白的大路，走半个小时。你能看到村子了。狗总是最先跳出来的。你可以在任何一家的门口坐下，要口水喝。主人总是热情的，而狗却时刻警惕着。也许会引来它的朋友们，纷纷表示出对你的兴趣。你要沉住气。

⑤你谢过主人，再别理狗的讹诈，去河边寻找滩船。如果你运气好，船上只有一两个客，你就能躺在舱里，将头枕着船帮，河水拍击船底的声音顿时变得很重。船在桨声中不紧不慢地走。双桨"吱呀吱呀"的，古人说是"欸乃"，也对。怎么说怎么像。

⑥板桥就在太阳落下去的地方。你沿着大埂走，右边是漕河，它连接着巢湖和长江。河滩如没被淹，一定有放牛的。你走过窑场就不远了。可以问问人，谁都愿意回答你，也许还会领你走一段，把咄咄逼人的狗子赶开。走到你的腿有点儿酸了，那就差不多到了。

⑦走下大埂，沿着水渠边的路走。你走过一座小桥，只有一条石板的桥就是进村了。我曾写过它。这时，你抬起头，会发觉许多眼睛在看着你。

⑧你对他们说，你叫杨子，你是我的儿子。

⑨儿子，你得找和你父亲差不多年纪的人，他们才记得。

⑩他们会记得那五个"上海佬"，记得那个戴近视眼镜的下放学生。他们会说他的好话和坏话。不管他们说什么，你都听着，不许还嘴。他们会告诉你一些细节，比如

插不齐秧，比如一口气吃了个12斤的西瓜。你跟他们一起笑吧，确实值得笑上一场。

⑪你们谈到黑了，会有人请你吃饭。不必客气，谁先请就跟谁去。能喝多少喝多少，能吃多少吃多少，这才像客人。天黑了，他们会留你住宿。他们非常好客。

⑫儿子，你去找找那间草屋。它在村子的东头，通往晒场的路边，三面环水。你比着照片，看它还像不像当年。也许那草屋已经不在了，当年它就晃晃的，想必支撑不到你去。也许，那里又成了一片稻田。

⑬晚上，你到田间小路上走走。你边走边读"稻花香里说丰年，听取蛙声一片"，感受会深深的。风吹来暖暖的热气，稻穗在风中作响。一路上，有萤火虫为你照着。

⑭假如你有胆量，就到村东头的大坟茔去。多半会碰上"鬼火"，也就是磷火。你别跑，你坐在坟堆上，体会一下死的庄重和沉默。地下的那些人也曾生活在这块土地上，劳动，繁殖。他们也曾埋葬过他们的祖先。你会捉摸到一点儿历史感的，这比任何教科书都有效。

⑮住上几天，你就熟悉村子了。男人爱理干干净净的发式，两边的头发一刀推净，这样头便显得长了。顶上则是长长的头毛，能披到眼睛，时而这么一甩，甩得很有点儿味道。

⑯我喜欢见他们光着上身光着脚的样子。皮肤晒成了栗色，黑得发亮发光，连麦芒都刺不透它。他们不是生来这样的。和他们一起下河，你就知道，他们原先比你还白。现在，他们和你的祖先一样黑了。和你父亲当年一样黑。你要是下田，就和你一样黑。

⑰下田去吧，儿子。让太阳也把你烤透。你弯下腰，从清晨弯到天黑，你恨不得把腰扔了。你的肩膀不是生来只能背背书包的。你挑起担子，肩上的肌肉会在扁担下鼓起。也许会掉层皮，那不算什么。你去拔秧，插秧，锄草，脱粒。你会知道自己并非什么都行。你去握一握大锹，它啥时候都不会被取代。工具越原始就越扔不了，像锤子，像刀，总要的。你得认识麦子、稻子、玉米、高粱、红薯。它们也是扔不了的。你干累了，坐在门边，看着猪在四处漫游，看着鸡上房，鸭下河，鹅蹿进秧田美餐一顿。你听着杵声，感觉着太阳渐渐收起它的热力。你心平气和地想想，该说大地是仁慈的。它在无止无息地输出。我们因为这输出，才能存活，才得以延续。

⑱那一层层茅草铺就的屋顶，那一条条小河分割的田野，那土黄色的土墙，那牛，那狗。那威力无比的太阳。

⑲你会爱的。

⑳你就这样住着，看着，干着。你去过了，你就会懂得父亲，懂得父亲笔下的漕河。当然，这实在不算什么，应当珍视的是你懂了自己。你得不让自己飘了，你得有块东西镇住自己。也许，借父亲的还不行，你得自己去找。

㉑当你离开板桥的时候，人们会送你。你是不配的，儿子。你得在晚上告别，半夜就走。夜间的漕河微微发亮，你独自在河滩坐上一会儿，听听它的流动。

㉒要是凑巧，你可以带条狗崽子回来。找条有主见的。开始，也许它有点儿想家。日子长了，你们能处好。你会发觉，为它吃点儿辛苦是值得的。

㉓也就是这些话了，儿子。你得去，在大学的第一个暑假就去。我不知道究竟会怎样。要是你的船走进漕河，看见的只是一排烟囱，一排厂房，儿子，你该替我痛哭一场才是。虽然我为乡亲们高兴。

1984年8月5日

（有删改）

问：读书小组要为此文写一则文学短评。经讨论，甲组提出一组关键词——"未来""回忆""成长"，乙组提出一个关键词——河流。请任选一个小组加入，围绕关键词写出你的短评思路。

端子曰 名师解析

这是一道文学短评题。题干中给出了两组关键词，要求围绕其中一组，进行文学评论。

首先，我们要分析两组关键词分别是从什么角度提出的。

由甲组提出的关键词可知，评论思路其实就是理顺文章的结构层次。

乙组提出的关键词是"河流"，"河流"是文章的线索，贯穿全文始终。

然后，我们要回到原文之中，沿着短评的思路，进行文章内容的概述和情感的总结。

甲组提出的关键词是"未来""回忆""成长"。作品写的是父亲关于未来的想象，想象儿子长大了，上了大学，放暑假的时候要出门旅行。他写的好像并不是儿子未来的不可知的旅行，而是自己以前的生活，借着替儿子畅想未来，完成的是自己的怀旧之旅。只要能够将自己的阅读感受关联到"未来"和"回忆"就能够顺势抓住"成长"这个关键词的提示，来解答"为何这样写"的问题，那就是，通过这样的写法指向作品关于"成长"的主题。

乙组提出一个关键词——河流。河流在这篇作品中是很重要的。怎么个重要法？儿子下了火车，背着包爬上江堤，就看见了长江——这最为"亲切的河"。从这里开始，河流就须臾不曾离开过儿子的板桥之行。河流的意义是：首先，河流构成了这篇作品的背景、环境和风景，这是最表层的功能意义。其次，河流具有象征意义。随着河水的流动，一个不同于城市的空间展开了。如果说板桥的水渠、溪流都流入了漕河再汇入长江，奔向大海，那么，儿子从长江入海口的城市上海，顺着河流上溯，"返回"到板桥，就是一次空间的回迁，同时也是从"未来"返回父亲回忆中的"往昔"，是一次时间的回流。逝者如斯夫，这河流承载着多少无尽的思索。

之后，要从"内容""情感""手法""结构""语言"五大方面进行表达。

参考答案

甲组答案示例：

①本文表面上是关于未来的想象，即父亲想象儿子长大后的一次旅行。

②其实是父亲对过去的回忆。

③为何交叠未来与过去？指向关于成长的主题，即父亲带儿子重温自己的成长，并期待儿子也能够在其中找到自我。

乙组答案示例：

①文章有很多抒情的意象，河流是其中最重要的一个。

②其表现就是，从爬上江堤到独坐河滩，儿子的板桥之旅始终与河流相伴。

③那么河流究竟意味着什么？河流既是环境与风景，也代表着空间的延展和时间的流逝，并承载着人的思索。

端演练 综合练习

（2023年广东汕头高三模拟）阅读文章，回答问题。

孩子与老人①

［南斯拉夫］伊凡·参卡尔

①孩子们有个习惯，喜欢在睡觉前聊一会儿天。他们坐在宽阔的炉顶上，彼此谈着心里想到的一切。暮色从污黑的窗口往里窥视，眼里充满着各种各样的梦；沉默的暗影从各个角落里袅袅上升，随身带着奇怪的童话。

②孩子们想到什么就讲什么，可是他们所想到的，都是些美丽的故事，故事里不是谈太阳和它的温暖，就是讲爱情和梦想交织成的希望。他们的将来仅仅是个又长又愉快的假日；在他们的圣诞节和复活节之间，是没有灰色的星期三②的。在幕帘后面的某个地方，生命正在泛滥奔放，默默地闪烁着，在一簇簇光华之间闪来闪去。他们说的话，是似懂非懂的悄言低语；他们的故事既没有开头，也没有鲜明的形象；他们的童话从来没有结尾。有时候四个孩子同时说话，可是谁也不会打扰谁；他们全都神魂颠倒地凝视着天上那簇神异的、可爱的光华；在这样的背景下，每一句话就是音乐，每一个故事自有美丽的结局。

③孩子们长得那么相像，在朦胧的暮色中，谁也分辨不出哪个是汤塞克——四个里面最小的一个，或者哪个是他们的姐姐——十岁的路丝卡。他们都有同样纤小的脸庞，有同样睁得大大的、富于幻想的眼睛。

④可是那一天晚上，忽然从国外飞来了某种神秘的东西，它举起粗暴的手，伸到天上的光华之中，又无情地击打下来，在假日、故事和童话中间一阵乱打：绿衣人带来了信息，说爸爸已经在意大利倒下了。是的，爸爸已经战死了，一种新的、奇怪的、毫无办法控制的神秘东西已经踏入了他们的道路：它耸立在那里，又高又大，可是却没有脸，没有眼睛，没有嘴唇。它在什么地方都不合适，不管在教堂门口或者在街上的热闹生活中也好，在炉子上朦胧的暮色中也好，或者甚至在他们的童话中也好。它既不显得有丝毫快乐，也不显得有什么悲伤，因为它是死的；它既没有眼睛可以显露表情，也没有嘴可以用言语说出它是从哪里来的，为什么来。在这个巨大的幻象前面，思想也怯生生地停住了脚步，没有一点儿办法，就好像前面拦着一堵黑色的高墙，不能前进一步。

⑤"呃，那么现在他到底几时回来呢？"汤塞克迷迷糊糊地问。

⑥路丝卡生气地看了他一眼。

⑦"爸爸已经倒下了，怎么还能回来？"

⑧大家都不作声。四个都在黑色的高墙前站着，没法越过它看到前面。

⑨"我也要去打仗！"七岁大的马佳突然嚷了起来。他好像灵机一动，已经抓住了正确的想法，知道应该说什么话。

⑩"你还太小。"还穿着裙子的四岁大的汤塞克用他那种特有的响亮嗓门劝告说。

⑪维尔卡是他们中间个子最小、身体最弱的一个，身上裹着一条她母亲的大肩巾，看上去就好像是一个旅客的行李似的，这时她用一种平静柔和的声音提出一个请求，她的声音就好像从暗影底下冒出来似的。

⑫"马佳，告诉我们战争是什么样子的……讲一个故事给我们听！"

⑬于是马佳解释说："咳，战争就是人们互相残杀，用刀斩，用剑砍，用枪打。你杀死的人越多越好；谁也不会责怪你，因为这是应该的。这就是战争。"

⑭"可是他们为什么要拼命杀人呢？"纤弱的小维尔卡问。

⑮"为了皇帝！"马佳嚷道，接着四个孩子全都默不作声了。远处，出现了一样令人害怕的东西，是耀眼的光圈下一道光芒四射的毫光。他们睁着迷糊的眼睛看着。他们一动也不动，几乎连气也不敢喘；他们好像在教堂里望弥撒。

⑯马佳举起一只颤巍巍的手，又指手画脚地说起话来，再一次表达他自己的想法。他之所以这样做，也许是为了赶走那已经笼罩在他们头上的抑郁的沉静。

⑰"我也要去打仗。"他嚷道，"打倒敌人！"

⑱"敌人是什么样儿的？……他头上长角不？"维尔卡出人意料地问，声音很低弱。

⑲"他头上当然长角……要是头上不长角，怎么会是敌人呢？"汤塞克严肃地几乎是生气地肯定说。连马佳听了他的话也不知道怎样说才好。

⑳"我不相信他头上有角。"最后他慢吞吞地说，接着又顿了顿，不知该怎么说。"他怎么能长角呢？"他说，"他也是人，跟我们一样的人啊！"路丝卡大声嚷了一下，提出愤怒的抗议，随即沉默不语了，可是过了一会儿又加了一句："只是他没有灵魂！"

㉑汤塞克想了很久，又说：

㉒"一个人在战争里倒下是什么样子的？他是不是往后倒？"

㉓"这句话的意思是他们伤害了他……把他杀死了。"马佳镇静地解释说。

㉔"爸爸答应我回来的时候要把枪带来！"

㉕ "他要是倒下了，怎么还能带枪回来呢？"路丝卡愤愤地反驳说。

㉖ "那么他们已经把爸爸杀死了？"

㉗ "是的，杀死了！"

㉘八只美丽的、睁得大大的眼睛含着满眶热泪，恐怖地往黑暗里瞪着——瞪着某个神秘的东西，这东西不管是心也好，脑也好，都是没法理解的。

㉙同一个时候，他们的祖父和祖母都在屋前的长凳上坐着。夕阳发出最后的茶色的光芒，穿过黑暗的叶丛，照射到花园里。黄昏很静。只有他们年轻的母亲在照料牛羊，从牲畜棚里传来一阵阵伤心的、哽咽的、断断续续的啜泣声。

㉚两个老人紧挨着坐在一起，伛偻着身子，彼此握着手，就像好多年前那样。他们瞪着无泪的眼睛，默默无言地凝视着即将消逝的夕阳。

（施咸荣译，有删改）

注：①本文作于第一次世界大战期间。②灰色的星期三：基督教的一个忏悔日。

问：读书小组要为本文写一则文学短评。经讨论，甲组提出一组关键词——"故事""希望""战争"，乙组提出一个关键词——夕阳。请任选一个小组加入，围绕关键词写出你的短评思路。

参考答案

示例：甲组。

①本文从孩子们的睡前时光写起，描写他们自由自在地讲故事。

②故事中充满了对未来的希望，生命就像童话那么美好。

③但是，敌人杀死了爸爸，战争破坏了这一切。作者通过美好与丑恶的对比，深刻揭露了战争的罪恶。

示例：乙组。

① "夕阳"作为文章的核心意象，多次出现，串联文章首尾，行文紧凑。

②故事发生于夕阳西下、暮色四合之际， "夕阳"渲染了悲凉、伤感的气氛。

③ "夕阳"暗示主旨，表达了战争中的人们对和平的渴望。

阅读文章，回答问题。

老药工和他的女儿（节选）

南 翔

①事情的缘起是最近一个流量很大的抖音号，推介一位知名老中医的生发和乌发方子，里面要求的中药材，不仅需要有国家地理标志，尤须炮制讲究，其中三味药何首乌、熟地和黄精，均要求九蒸九晒。

②当下深圳，或许不仅仅是深圳，男人打拼，女人也不甘示弱，睡眠少，压力大，做事急——一个个似李太白："白发三千丈，缘愁似个长。不知明镜里，何处得秋霜。"亦如白乐天："白发知时节，暗与我有期。今朝日阳里，梳落数茎丝。"

③脱发与白发，是男人与女人共同的敌人。此其时，"本草坊"应运而生，口碑的力量是无穷的，来该坊购买老药工地道炮制药材的人越来越多。订单都排到了三个月之后。面对滚滚而来的客户，老药工远不像那些工厂主和地产商，满面春风，干劲倍增，而是压力山大，愁眉锁眼，原本基本戒掉了的香烟，又吸上了。

④此其时，女儿梦芳和老板小金，观念向右看齐一般统一：市场经济，卖方市场永远期望大过买方市场。小金甚至想到了通过涨价来调节供需矛盾。老药工略一犹豫，便坚决摇头，他希望用加大炮制量来缓解矛盾，而不是靠提价来降低顾客购买的热情。

⑤老药工一头脑的经验和智慧，宛如森林中的一窑薪炭，应是在沉寂了二十多年之后，让深圳顾客的执着，猝然点燃了即将熄灭的荣光。一位即将融入夕阳的老人，对荣光的呵护，正如同这些不断涌来的顾客对健康和生命的珍爱，金钱远远不是至高的诱惑。

⑥于是梦芳看到，老药工起得更早，睡得更晚，即便作坊里空调开得很足，老药工一条黑色大裤衩、一领T恤，依然常常汗湿。深圳太阳充足，楼顶开阔坦荡，为晒药提供了宽敞的空间。老药工似乎不放心别人的手脚，时不时会抽空从地下室上到楼顶，一簸箩一簸箩地依次翻晒。

⑦如果你想到每一块饮片，都因一次蒸与晒，色泽由黄而赭，由赭而灰，由灰而黑，由黑而透亮……那就是时间的沉淀，气力的灌注，天地精华的吸纳。

⑧这天上午，老药工正在电磁炉上蒸药，被刚揭盖的热气一熏，扑通跌倒在地，医生检查诊断，劳累所致……

⑨一周后，一只亮闪闪的"南山釜"运到了"本草坊"。尽管梦芳和小金反复说

明这个是多功能的，既能润又能蒸还带烘干，比搬上搬下、九蒸九晒方便多了。但面对这只一人多高、一米直径的大肚子带着各种吐纳配管的多功能中药釜，老药工释放的信任，依然大有保留，一双略略眯起的眼睛，茫然中透露出心有不甘。

⑩两天之后，三样经典药材炮制出炉了：何首乌、熟地、黄精。

⑪三样药材平铺在几层夏布托底的桌面上，老药工净了手，用一块白毛巾擦干，走到桌边。他双手垂立片刻，左手拈起一块黄精，用门牙轻叩，再弹起舌头品咂，之后鼓动已经塌下去的腮帮子咀嚼，慢慢地一点点嚼碎，待到唾液满嘴，分几口徐徐下咽。此时，他的双眼阖上了。

⑫此种品味，自然而经典，充满仪式感。

⑬漱口，再品味熟地。

⑭漱口，最后品味道的是何首乌。

⑮然后，他摇摇头，双手扶案，缓缓道，你们去把我炮制过的三样拿过来，照样平铺在桌子的另一端。老药工请他们分别尝一尝，品一品。

⑯二人先是细嚼慢品了传统炮制过的，再尝了尝药釜加工过的。小金先表态，他没有吃出差别。梦芳道，药釜制作的何首乌，隐隐有点儿涩味，我们炮制的没有。

⑰老药工点头赞许道，其他两味都有差别，只不过你们的舌头品不出来，这个跟吃茶、品酒、闻香是一个道理，日久才能见功夫。比较起来，何首乌的炮制更讲究。我们先前的古法炮制，是一层何首乌，一层黑豆、芝麻，用小火慢蒸，蒸汽一滴一滴落下，透过一层何首乌，一层黑豆、芝麻，将毒性带走的同时，也增益了药性。一蒸一晒，谓之阴阳，阴阳和合，循环往复，这是对"时间就是金钱"的另一种诠释，同时搭配的是耐心、反复、不厌其烦。这不是一个中药釜可以全部替代的。

⑱小金道，中药釜我们可以跟厂家商议，不断改进。对于药品，我觉得最重要的还是检验指标。经过科学检测的指标才是金标准。

⑲老药工坚定地摇头道，目前的科学检测，不是什么都可以黑白分明的。正如十年的陈皮，跟二十年、三十年的陈皮价格差很远，拿它们去检测，却不能够测得出成分有那么大区别。

⑳梦芳看看小金，又回头看看父亲，红着脸说："父亲，我明白了，中医药是一个独立的存在，传统炮制中，除了蒸锅炉灶，还有日月精华，这些都是没法让现代化工具一股脑取代的。而在此中，时间缓缓流过，才能淘洗掉杂质，存留下精华。"

（有删改）

问：本小说的讲述看似平淡，仔细品味却发现其中冲突不断，请以"《老药工和他的女儿》的冲突探究"为题，写一篇评论提纲。

参考答案

①中药炮制过程中的传统技艺与现代手法的冲突。中药炮制传统技艺精湛，有无可替代的日月精华，非新型药釜工具可比。

②两代人观念的冲突。老药工笃信传统技法无可替代，而以小金为代表的一类人却崇尚现代工艺，希望用新型药釜工具大规模快速炮制药材。

③中药古法炮制的药效和科学检测之间的冲突。

④以深圳为代表的现代人紧张的生活节奏和对健康和生命的珍爱的冲突。

⑤市场经济下，"本草坊"的药材供应和市场需求之间的冲突。

阅读文章，回答问题。

守夜人

刘亮程

①每个夜晚都有一个醒着的人守着村子。他眼睁睁看着人一个个走光，房子空了，路空了，田里的庄稼空了。人们走到各自的遥远处，仿佛义无反顾，又把一切留在村里。

②醒着的人，看见一场一场的梦把人带向远处，他自己坐在房顶，背靠一截渐渐变凉的黑烟囱。每个路口都被月光照亮，每棵树上的叶子都泛着荧荧青光。那样的夜晚，那样的年月，我从老奇台回来。

③我没有让守夜人看见。我绕开路，爬过草滩和麦地溜进村子。

④守夜人若发现了，会把我送出村子。认识也没用。他会让我天亮后再进村。夜里多出一个人，他无法向村子交代。也不能去说明白。没有天大的事情，守夜人不能轻易在白天出现。

⑤守夜人在鸡叫三遍后睡着。整个白天，守夜人独自做梦，其他人在田野劳忙。村庄依旧空空的，在守夜人的梦境里太阳照热墙壁。路上的塸土发烫了。他醒来又是一个长夜，忙累的人们全睡着了。地里的庄稼也睡着了。

⑥按说，守夜人要在天亮时，向最早醒来的人交代夜里发生的事。早先还有人查

夜，半夜起来，看看守夜人是否睡着了。后来人懒，想了另外一个办法，白天查。守夜人白天不能醒来干别的。只要白天睡够睡足，晚上就会睡不着。再后来也不让守夜人天亮时汇报了。夜里发生的事，守夜人在夜里自己了结掉。贼来了把贼撵跑，羊丢了把羊找回来。没有天大的事情，守夜人绝不能和其他人见面。

⑦从那时起守夜人独自看守夜晚，开始一个人看守，后来村子越来越大，夜里的事情多起来，守夜人便把村庄的夜晚承包了，一家六口人一同守夜。父亲依旧坐在房顶，背靠一截渐渐变凉的黑烟囱，眼睛盯着每个院子每片庄稼地。四个儿子把守东南西北四个路口。他们的母亲摸黑扫院子，洗锅做饭。一家人从此没在白天醒来过。白天发生了什么他们全然不知。当然，夜里发生了什么村里人也不知道。他们再不用种地，吃粮村里给。双方从不见面。白天村人把粮食送到他家门口，不声不响走开。晚上那家人把粮食拿进屋，开夜伙。

⑧村里规定，不让守夜人晚上点灯。晚上的灯火容易引来夜路上的人。蚊虫也好往灯火周围聚。村庄最好的防护是藏起自己，让人看不见，让星光和月光都照不见。

⑨多少年后，有人发现村庄的夜里走动着许多人，脸惨白，身条细高。多少年来，守夜人在夜里生儿育女，早已不是五口，已是几十口人。他们像老鼠一样昼伏夜出。听说一些走夜路的人，跟守夜人有密切交往。那些人白天睡在荒野，在大太阳下晒自己的梦。他们把梦晒干带上路途。这样的梦像干草一样轻，不拖累人。夜晚的天空满是飞翔的人。村庄的每条路都被人梦见，每个人都被人梦见。夜行人穿越一个又一个月光下的村庄。一般的村子有两条路，一条穿过村子，一条绕过村子。到了夜晚，穿过村子的路被拦住，通常是一根木头横在路中。夜行人绕村而行，车马声隐约飘进村子，不会影响人的梦。若有车马穿村而过，村庄的夜晚会被彻底改变。瞌睡轻的人被吵醒，许多梦突然中断。其余的梦改变方向。一辆黑暗中穿过村庄的马车，会把大半村子人带上路程，越走越远，天亮前都无法返回，而突然中断的梦中生活会作为黑暗留在记忆中。

⑩如果认识了守夜人，路上的木头会移开，车马轻易走进村子。守夜人都是最孤独的人，很容易和夜行人交成朋友。车马停在守夜人的院子，他们在星光月影里暗暗对饮，说着我们不知道的黑话。守夜人通过这些车户，知道了这片黑暗大地的东边有哪些村庄，西边有哪条河哪片荒野。车户也从守夜人的嘴里，清楚这个黑暗中的村庄住着多少人，有多少头牲畜，以及那些人家的人和事。他们喜欢谈这些睡着的人。

⑪"看，西墙被月光照亮的那户人，男人的腿断了，天一阴就腿疼。如果半夜腿

疼了，他会咳嗽三声。紧接着村东和村北也传来三声咳嗽，那是冯七和张四的声音。只要这三人同时咳嗽了，天必下雨。他们的咳嗽先雨声传进人的梦。"

⑫那时，守在路口的四个儿子头顶油布，能听见雨打油布的声音，从四个方向传来。不会有多大的雨，雨来前，风先把头顶的天空移走，像换了一个顶棚。没有风，头顶的天空早旧掉了。雨顶多把路上的脚印洗净，把遍野的牛蹄窝盛满水，就住了。牛用自己的深深蹄窝，接雨水喝。野兔和黄羊，也喝牛蹄窝的雨水，人渴了也喝。那是荒野中的碗。

⑬"门前长一棵沙枣树的人家，屋里睡着五个人，女人和她的四个孩子。她的二儿子睡在牛圈棚顶的草垛上。你不用担心他会看见我们，虽然他常常瞪大眼睛望着夜空，他比那些做梦的人离我们还远。他的目光回到村庄的一件东西上，那得多少年时光。这是狗都叫不回来的人，虽然身体在虚土庄，心思早在我们不知道的高远处。他们的父亲跟你一样是车户，此刻不知在穿过哪一座远处村落。"

⑭在他们的谈论中，大地和这一村沉睡的人渐渐呈现在光明中。

（有删改）

问：语文老师要求大家确定一个关键词对本文进行赏析，小张同学选择的是"梦"，小刘同学选择的是"守夜人"。请任选其中一个，围绕关键词写出你的赏析要点。

参考答案

示例一：选择"梦"。

①梦境似乎就是现实生活的折射。梦境是一个意象，也是一个重要的存在。

②在《守夜人》中，有两种梦，即守夜人的梦和村民的梦。守夜人在夜晚守护村庄的安宁，在白天酣然入睡。村民则在白天辛苦劳作，夜晚在守夜人的守护下悄然入梦。人们开始想把白天的一切带到梦中，梦中的世界渐渐变得比白天的世界更重要。

③守夜人和村民明明就在同一个村庄，却像是处于没有交集的平行世界，互不干扰。但二者的梦有相通性。需要注意的是，虽然虚幻的梦更加自由轻盈，但现实生活才是真实的。我们可以在虚幻的梦中放松片刻，却不能沉溺于虚幻的梦

中，忘记现实。

示例二：选择"守夜人"。

①守夜人，意为守护夜晚的人。为什么在大家都酣然入睡的夜晚，要专门安排守夜人？不能轻易在白天出现的守夜人又在守护什么？

②守夜人守的就是那条"实"与"虚"的边界。守夜人就是为了守护村民的精神世界而存在的，不让夜行人进入村庄，让每个村民能保有完整的梦境，保有完整的精神世界。

③当守夜人消失，"实"与"虚"的边界被模糊，人们就可能沉溺于虚幻的精神世界，而忽视了真实的现实世界。